日本留学試験
速攻トレーニング
聴解 編

www.alc.co.jp

● はじめに ●

　2002年から始まった日本留学試験は2010年に改定され、日本語科目が再編されました。本書は、その新しい改定内容に基づいた日本語科目の試験対策問題集です。

　日本留学試験は、日本の大学（学部）等に留学生が入学する際に受験する試験です。大学によって、日本留学試験を入学選考として利用したり、各大学の個別の試験ではなく日本留学試験の成績などを主な判断材料として合否を決めます（渡日前入学許可）。日本留学試験でよい成績を取ることが、日本での留学を成功させるための第一歩になります。ですので、日本留学試験対策の勉強は計画的に着実に進めてください。試験対策で大切なのは、本番と同形式の問題をたくさん解いて問題形式に慣れるとともに、制限時間内に問題を解く実践力を身に付けることです。「本書の使い方」と「基礎編」をよく読んでください。

　日本の大学へ留学を希望する国内外の多くの人たちにとって、この問題集が少しでも助けになればうれしく思います。

2011年4月

株式会社アルク日本語編集チーム

● 目次 ●

はじめに ・・・・・・・・・・・・・・・・・・・・・・・ 3
日本留学試験　改定のポイント ・・・・・・・・・ 7

基礎編　　9

問題分析と対策アドバイス ・・・・・・・・・・・・ 10
例題にチャレンジ ・・・・・・・・・・・・・・・・・ 17

実践編　　31

解答欄 ・・・・・・・・・・・・・・・・・・・・・・ 32

内容理解

1番　図書館で本を借りる ・・・・・・・・・・・ 36
2番　観光ガイドの仕事 ・・・・・・・・・・・・ 38
3番　子どもの読書 ・・・・・・・・・・・・・・ 40
4番　ゼミの選び方 ・・・・・・・・・・・・・・ 42
5番　「メッツ」という単位 ・・・・・・・・・・ 44
6番　新しい学部を作った目的 ・・・・・・・・・ 46
7番　日本人がディベートを苦手とする理由 ・・・ 48
8番　大会優勝者が困っていること ・・・・・・・ 50
9番　効果的な頼み方 ・・・・・・・・・・・・・ 52
10番　家具の配置 ・・・・・・・・・・・・・・・ 54
11番　栄養学を勉強している理由 ・・・・・・・・ 56
12番　子どもの将来像についてのアンケート ・・・ 58
13番　サークルのコンパの準備 ・・・・・・・・・ 60
14番　関節の痛みへの対処法 ・・・・・・・・・・ 62
15番　昼寝の効果 ・・・・・・・・・・・・・・・ 64
16番　フェアトレード ・・・・・・・・・・・・・ 66
17番　これからの英語 ・・・・・・・・・・・・・ 68
18番　言葉の本質 ・・・・・・・・・・・・・・・ 70

	19番	フードデザート・・・・・・・・	72
	20番	コンビニの照明・・・・・・・・	74
	21番	運動神経の遺伝・・・・・・・・	76
	22番	都市鉱山・・・・・	78
	23番	エコノミークラス症候群・・・・・・・	80
	24番	土木工学・・・・・	82
	25番	スポーツ選手に対する言語教育・・・・・	84

ポイント理解

1番	奨学金(しょうがくきん)の申し込み方・・・・・・・	86
2番	紅葉(こうよう)・・・・・	88
3番	ウォーキングの目的・・・・・・	90
4番	自己修復材料・・・・・・・	92
5番	美術鑑賞の方法・・・・・・・	94
6番	ゼミの説明会・・・・・・	96
7番	本屋について・・・・・・	98
8番	アカウミガメの産卵・・・・・・	100
9番	就職と資格・・・・・・	102
10番	大学のサークル活動・・・・・・	104
11番	単位取得の条件・・・・・・	106
12番	ボランティア活動・・・・・・	108
13番	旅行の方法・・・・・・	110
14番	試験の説明・・・・・・	112
15番	熊が出た原因・・・・・・	114
16番	理科への関心・・・・・・	116
17番	眠くなる方法・・・・・・	118
18番	プレゼンテーションの流れ・・・・・	120
19番	駐輪場の申し込み・・・・・・	122
20番	警察のアドバイス・・・・・・	124
21番	ほめることの欠点・・・・・・	126
22番	「茶」の呼び名・・・・・・	128
23番	交差点・・・・・	130
24番	街頭でのティッシュ配り・・・・・・	132
25番	消費税の滞納・・・・・・	134

その他

1番	呼吸法	136
2番	食品の表示	138
3番	理想の枕	140
4番	住まいの選び方	142
5番	睡眠	144
6番	日本のアニメの特徴	146
7番	レポートの書き方	148
8番	コミュニティーについての考え方	150
9番	風邪とインフルエンザの違い	152
10番	履修科目を決める	154
11番	ゴミの捨て方	156
12番	拾った財布をどうするか	158
13番	駐車場を借りる	160
14番	健康診断の説明	162
15番	会場への行き方	164
16番	本屋からの留守番電話	166
17番	学生割引の申請	168
18番	店を探す	170
19番	レポートの期限	172
20番	文化祭の手伝い	174
21番	夏期講座の申し込み	176
22番	教授と会う日程	178
23番	壊れたパソコンの対処	180
24番	犬のしつけ	182
25番	ボランティアの募集	184
26番	徒然草を読んで	186
27番	社会脳	188
28番	リフレーミング	190
29番	ビジネスマナー	192
30番	演技について	194

● 日本留学試験　改定のポイント ●

日本語科目の再編

領域	得点範囲		時間		試験課題の変更点
	改定前	改定後	改定前	改定後	
記述	文法的能力 0～3点 論理的能力 0～3点 合計　　　 0～6点	0～50点	20分	30分	課題のタイプの拡充
読解	0～160点	0～200点	30分	40分	複問及び長文の導入
聴解	0～120点	0～200点	70分	55分	
聴読解	0～120点				
合計 （記述除く）	0～400点	0～400点			
時間合計			120分	125分	

※記述：文字数が改訂前は400字程度→改訂後は400～500字に変更。

※読解：2010年6月試験の読解では、長文問題は1文章、その他は短文問題（本文の長さが従来通りのもの）。短文問題には、複問のものと従来の単問のものがある。

領域実施順の変更

2010年6月試験より「記述」「読解」、「聴読解」、「聴解」の順で実施。

● 本書の使い方 ●

　聴解問題は一度しか聞けません。聞き直しはできませんので、集中して問題を聞き、解くことが必要です。

　実践編の解答欄には「正しい」という欄と「正しくない」という欄があります。<u>選択肢1、2、3、4を一つ一つ聞くたびに、正しいか正しくないかをマークしてください。</u>

　聴解問題と聴読解問題を合わせた解答時間は55分で、その間におよそ聴解15問と聴読解12問の合計27問の問題を解かなければなりません。本書の聴解は、実際の本試験と同じスピードで問題を収録していますので、<u>途中で音声を止めずに、次々と問題を解いていってください。</u>本試験と同じように<u>15問連続で問題を解き</u>、集中力を維持するトレーニングをしてもいいでしょう。

　問題を解き終わったら、スクリプトを見ながら再度聞き直し、キーセンテンスやポイントを確認してください。

聞き取る課題　：質問のポイントを太字で示しました。
キーセンテンス：「聞き取る課題」や正解を導く際に特に大切な部分に下線を引きました。
☆ここに注目　：キーワードなどヒントになる言葉を太字で示しました。
語注（2重下線）：指示詞、言い換え表現、その文章における意味を示しました。
ここがポイント：文章を整理し、正解を導くためのポイントを示しました。
内容補足　　　：その他、構成や文章の流れ、内容などを示す解説には＊を付けました。

　間違えた問題は、「正解へのアプローチ」を読んで、なぜ間違えたのかを確認してください。最後に、「表現・語句」や「一言アドバイス」をチェックして、次の問題に進みましょう。

日本留学試験
速攻トレーニング
聴解 編

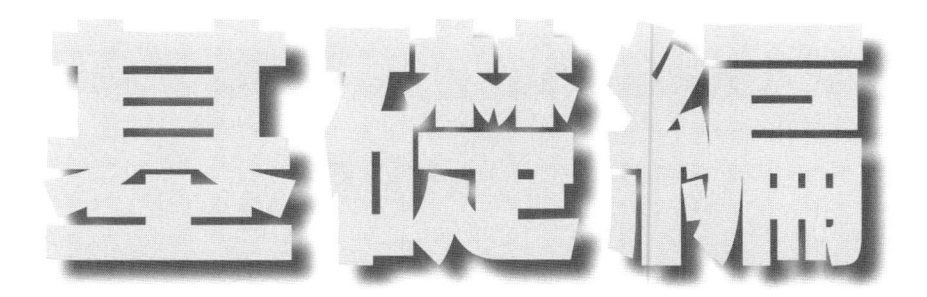

基礎編

基礎編

● 問題分析と対策アドバイス ●

Ⅰ 聴解のアウトライン

「聴解」は、文字に頼らず、音声を聞いて問いに答える問題です。「日本語能力試験」の「聴解」には、絵を見ながら答える問題がありますが、「日本留学試験」の「聴解」には、絵やグラフなどのある問題は出題されません。質問も選択肢もすべて音声によって示されます。

【形式】
　男性と女性の二人が会話する形式の問題と、講義や説明などを一人で話す独話形式の問題が出題されます。

【測られる能力】
　会話や独話の内容をきちんと聞き取り、言語として表現されていることを、そのまま理解する能力、聞き取ったことから複数の情報の関係をつかみ、問われている重要なポイントを取り出す能力、また、理解した情報を活用して、そこから判断したり、処理したりする能力が測られます。

【問題のタイプ】
　問題は、当試験で問われる能力に合わせ、具体的には次のようなタイプに分かれます。

A　全体の内容を正確に理解する
　会話や独話の全体を理解し、その趣旨や話者の主張、全体の状況からわかることなどを答える問題です。
　★聞き方のポイント
　　細かい部分よりも、まずは話の全体の流れや、大意をとることが大切です。話者が言いたいことは何か、要点をつかむことを意識しましょう。

B　特定のポイントをとらえる
　会話や独話全体の中から、重要なポイントを聞き取る問題です。
　★聞き方のポイント
　　問題の最初の「問い」をよく聞き、まず話のポイントは何かを理解しましょう。「なぜ、どのように、どんな、どこ」など、カギとなる言葉を見つけると正解しやすくなります。

ただし、本文と選択肢で、同じ意味の内容でも異なる表現を使っている場合があるので注意が必要です。また、対話の場合は、二人のうちのどちらに関しての問いなのか、よく聞いて間違えないようにしましょう。

C 複数の情報の関係性を正確に理解する

話の中にある複数の情報を比較しながら整理し、その関係性を正しく理解して答える問題です。

★聞き方のポイント

複数のことがらについての情報が出てくるので、集中して聞くようにしましょう。何についての情報なのか、しっかりメモを取りながら聞くことが大切です。

D 話の結論や、その後の行動などを理解する

話の流れから、結論はどうなるのかを理解する問題や、その話のあとの行動などを類推する問題があります。

★聞き方のポイント

会話の流れから状況を判断したり推測したりすることが必要です。話の中で状況が変わることが多く、また、ポイントがいくつも出てくることもあります。「このあと、どうするか。これからどうなるか」などのタイプの問題です。

E 話の内容を一般化あるいは具体化する

抽象的な話や一般論を聞き、具体的な例に当てはめることができるかどうかが問われます。また逆に、具体的な話を聞いて、それを適切に一般化することができるかどうかが問われる場合もあります。

★聞き方のポイント

まず、話の要点をつかむことが重要です。何についての話なのかイメージしながら聞き、その上で、問題の選択肢をよく確認しましょう。

【トピック】

日常生活・社会生活から、学生生活・学習・研究活動に関するものまで、広い範囲にわたります。

例：授業のレポート、ゼミの発表、履修登録、試験、成績評価、講義のテーマ、将来の進路、学習方法、人との交流、暮らしの様子、落とし物、交通手段、旅行の申し込み、食事の約束、選挙、仕事の内容、保護活動、ボランティア活動、薬の開発、食生活、家族関係など。

基礎編

【場面】
留学生が直面し、コミュニケーションを行うさまざまな場面が現れます。
例：大学の講義で、ゼミの発表で、教授の研究室で、新入生のオリエンテーションで、事務室で、講演会で、図書館で、テレビ番組で、家庭で、病院で、役所で、電話で、など。

【聴解練習のアドバイス】

◆耳を慣らす！
練習問題をたくさんやってみましょう。

◆集中して聞く！
要点やキーワードを聞き逃(のが)さないためには、集中することが大切です。実際の試験では、聴解が最後に行われます。長時間、集中できるように、続けて聞く練習をしておくことも必要です。

◆ 聞きながらメモする！
要点やキーワードをメモしながら聞く練習をしましょう。

要点のメモは日本語でなくてもいいですが、キーワードは日本語でメモしたほうがいいでしょう。四つの選択肢(せんたくし)もそれぞれの要点をメモしましょう。

基礎編

Ⅱ 本問題集に掲載された問題リスト

　本書では、問題にタイトルをつけ、内容理解・ポイント理解・その他の三つに分類しました。リストでは、難易度および＜独話／会話＞の区別を付記しました。また、独話タイプの問題のうち「先生の講義・講演」には、その内容別に「分野」という欄を付け加えました。なお「分野」は次の10の分野に分かれます。

> 　社会　　経済　　教育　　環境　　自然科学
> 　科学技術　　心理　　健康　　言語　　文化

　難易度は、星の数で三つに分けてあります。練習する際の目安としてください。

★・・・・・・基本的な問題
★★・・・・・標準的な問題
★★★・・・　難しめのチャレンジ問題

基礎編

<全問題一覧>

【内容理解：A．全体の内容を正確に理解する】

	CD	難易度	タイトル	独話	会話	分野
1	1-02	★	図書館で本を借りる		○	
2	1-03	★	観光ガイドの仕事		○	
3	1-04	★	子どもの読書	○		教育
4	1-05	★	ゼミの選び方		○	
5	1-06	★	「メッツ」という単位	○		自然科学
6	1-07	★★	新しい学部を作った目的		○	
7	1-08	★★	日本人がディベートを苦手とする理由	○		教育
8	1-09	★★	大会優勝者が困っていること		○	
9	1-10	★★	効果的な頼み方	○		心理
10	1-11	★★	家具の配置	○		心理
11	1-12	★★	栄養学を勉強している理由		○	
12	1-13	★★	子どもの将来像についてのアンケート	○		社会
13	1-14	★★	サークルのコンパの準備		○	
14	1-15	★★	関節の痛みへの対処法	○		健康
15	1-16	★★	昼寝の効果	○		自然科学
16	1-17	★★	フェアトレード		○	
17	1-18	★★	これからの英語	○		言語
18	1-19	★★	言葉の本質	○		言語
19	1-20	★★★	フードデザート	○		環境
20	1-21	★★★	コンビニの照明	○		科学技術
21	1-22	★★★	運動神経の遺伝	○		自然科学
22	1-23	★★★	都市鉱山	○		科学技術
23	1-24	★★★	エコノミークラス症候群	○		健康
24	1-25	★★★	土木工学		○	
25	1-26	★★★	スポーツ選手に対する言語教育	○		教育

基礎編

【ポイント理解：B．特定のポイントをとらえる】

	CD	難易度	タイトル	独話	会話	分野
1	1-27	★	奨学金の申し込み方		○	
2	1-28	★	紅葉	○		自然科学
3	1-29	★	ウォーキングの目的		○	
4	1-30	★	自己修復材料	○		科学技術
5	1-31	★	美術鑑賞の方法		○	
6	1-32	★★	ゼミの説明会		○	
7	1-33	★★	本屋について		○	
8	1-34	★★	アカウミガメの産卵	○		自然科学
9	1-35	★★	就職と資格		○	
10	1-36	★★	大学のサークル活動		○	
11	1-37	★★	単位取得の条件	○		
12	1-38	★★	ボランティア活動		○	
13	1-39	★★	旅行の方法		○	
14	1-40	★★	試験の説明	○		
15	2-01	★★	熊が出た原因		○	
16	2-02	★★	理科への関心		○	
17	2-03	★★	眠くなる方法		○	
18	2-04	★★	プレゼンテーションの流れ		○	
19	2-05	★★	駐輪場の申し込み		○	
20	2-06	★★	警察のアドバイス		○	
21	2-07	★★	ほめることの欠点		○	
22	2-08	★★	「茶」の呼び名	○		経済
23	2-09	★★	交差点		○	
24	2-10	★★★	街頭でのティッシュ配り		○	
25	2-11	★★★	消費税の滞納	○		経済

基礎編

【その他：C．複数の情報の関係性を正確に理解する
　　　　　D．話の結論や、その後の行動などを理解する
　　　　　E．話の内容を一般化あるいは具体化する】

	CD	難易度	タイトル	独話	会話	分野	
1	2-12	★	呼吸法	○		C	健康
2	2-13	★	食品の表示		○	C	
3	2-14	★★	理想の枕	○		C	健康
4	2-15	★★	住まいの選び方		○	C	
5	2-16	★★	睡眠	○		C	自然科学
6	2-17	★★	日本のアニメの特徴	○		C	文化
7	2-18	★★	レポートの書き方		○	C	
8	2-19	★★★	コミュニティーについての考え方	○		C	心理
9	2-20	★★★	風邪とインフルエンザの違い	○		C	自然科学
10	2-21	★	履修科目を決める		○	D	
11	2-22	★	ゴミの捨て方		○	D	
12	2-23	★	拾った財布をどうするか		○	D	
13	2-24	★★	駐車場を借りる		○	D	
14	2-25	★★	健康診断の説明	○		D	
15	2-26	★★	会場への行き方		○	D	
16	2-27	★★	本屋からの留守番電話	○		D	
17	2-28	★★	学生割引の申請		○	D	
18	2-29	★★	店を探す		○	D	
19	2-30	★★	レポートの期限		○	D	
20	2-31	★★	文化祭の手伝い		○	D	
21	2-32	★★	夏期講座の申し込み		○	D	
22	2-33	★★	教授と会う日程		○	D	
23	2-34	★★	壊れたパソコンの対処		○	D	
24	2-35	★★	犬のしつけ		○	D	
25	2-36	★★	ボランティアの募集		○	D	
26	2-37	★	徒然草を読んで	○		E	心理
27	2-38	★★	社会脳	○		E	社会
28	2-39	★★	リフレーミング	○		E	心理
29	2-40	★★	ビジネスマナー	○		E	文化
30	2-41	★★★	演技について	○		E	心理

基礎編

● 例題にチャレンジ！ ●

例題として、過去の試験問題をやってみましょう。

1　A．全体の内容を正確に理解する

スクリプト

先生が、授業で睡眠について話しています。この先生は、睡眠について何と言っていますか。

　みなさんは、毎日一定の時間、同じ量の睡眠を取るべきだと考えていませんか。実はこのような考え方は、一部の限られた社会で働いたり生活したりしている人々が実行しているというだけのものであって、これが正しいという根拠はありません。一般的に言われている1日8時間という睡眠時間の目安も、それぐらい寝る人が最も多いというだけのものです。もともと、人は睡眠に関して適応力があるので、睡眠時間が短くてもあまり神経質に考える必要はないのです。特に若い人は熟睡しやすいですから、時間的不足を深い眠り、つまり、質で補うことができます。

この先生は、睡眠について何と言っていますか。
　1．睡眠時間は8時間が理想的だ。
　2．睡眠時間の長さを決める必要はない。
　3．いつも同じ時間帯に睡眠を取ったほうがいい。
　4．自分が所属する社会の習慣に合わせたほうがいい。

（『平成22年度日本留学試験（第1回）試験問題』桐原書店、聴解14番より）

【　形　式　】先生の独話（授業）
【話題・内容】睡眠の量について
【　正　解　】2
【アドバイス】
　★全体を通して大きく流れをつかみましょう。
　★要点を確認しましょう。

基礎編

先生が、授業で睡眠について話しています。<u>この先生は、睡眠について</u>**何**と言っていますか。　← 聞き取る課題

　みなさんは、毎日一定の時間、同じ**量**の睡眠を取るべきだと考えていませんか。実はこのような考え方は、一部の限られた社会で働いたり生活したりしている人々が実行しているというだけのものであって、<u>これが正しいという根拠はありません</u>。一般的に言われている1日8時間という睡眠時間の目安も、それぐらい寝る人が最も多いというだけのものです。もともと、人は睡眠に関して適応力があるので、睡眠時間が短くてもあまり神経質に考える必要はないのです。特に若い人は熟睡しやすいですから、<u>時間的不足を深い眠り、つまり、質で補うことができます</u>。

☆ここに注目：量＝睡眠の時間

←キーセンテンス①
これ＝毎日一定の時間、睡眠を取ること

＊「根拠がない」の説明

←キーセンテンス②

ここがポイント❗

この先生は、毎日一定の時間、同じ量の睡眠を取るべきかどうかについて話している。
↓
キーセンテンス①：睡眠の長さを決める必要はない。
キーセンテンス②：睡眠時間の短さは、熟睡することで補うことができる。

正解へのアプローチ✏️

この先生は、睡眠について何と言っていますか。
1．睡眠時間は8時間が理想的だ。………… 8時間寝る人が多いだけ。理想ではない ⇒×
2．睡眠時間の長さを決める必要はない。
　　　　　　　………… 大切なのは「質」で「長さ」ではない（キーセンテンス②） ⇒○
3．いつも同じ時間帯に睡眠を取ったほうがいい。………「これ」が正しい根拠はない ⇒×
4．自分が所属する社会の習慣に合わせたほうがいい。…「これ」が正しい根拠はない ⇒×

表現・語句

1）時間不足を深い眠り、<u>つまり</u>、質で補うことができます。
　・つまり＝［語句や文を同じ意味内容の別の語句や表現に言い換えるのに用いる接続詞］
　例：あそこにいるのは、私の母の姉、<u>つまり私の伯母</u>です。

2）「睡眠」に関する言葉：睡眠時間・熟睡・寝る・眠る・眠りが深い・眠りが浅い

基礎編

❷ B．特定のポイントをとらえる

スクリプト

女子学生と男子学生が、道路の脇に植える木について話しています。この男子学生は、道路の脇に植える木について、どんな研究が始まっていると言っていますか。

女子学生：ねえ、道路の脇に木が植えてあるのを見ると、リラックスしてストレス解消になるよね。
男子学生：そうだね。それに、街路樹って環境にもいいらしいよ。
女子学生：あ、木が二酸化炭素を吸収するから？
男子学生：それだけじゃなくて、木は大気汚染の原因になる物質を吸収するらしいよ。
女子学生：じゃあ、道路脇の街路樹のおかげで、空気がきれいになるってこと？
男子学生：うん。それで、大気汚染を改善するための植物を作り出す研究も始まってるんだって。
女子学生：どういうこと？
男子学生：例えば、木の遺伝子を操作して、大気汚染の原因物質をより多く吸収する品種を作り出すとか。
女子学生：えっ、そこまで進んでるんだ。

この男子学生は、道路の脇に植える木について、どんな研究が始まっていると言っていますか。
1．木の緑色をより美しくする研究
2．ストレスを解消する木を作る研究
3．木が持つ"いろいろな能力を調べる研究
4．空気をきれいにする木を作る研究

（『平成21年度日本留学試験（第1回）試験問題』桐原書店、聴解9番より）

【　形　式　】男子学生先生と女子学生の会話（インフォーマル：日常的な、くだけた会話）
【話題・内容】道路の脇に植える木についての研究
【　正　解　】4
【アドバイス】
　★「どんな研究か」を話している部分をチェック！
　★インフォーマルな会話の表現や、イントネーションに注意しましょう。
　★会話の場合、文を最後まで言わないことがあります。意味を類推しながら聞きましょう。

基礎編

女子学生と男子学生が、道路の脇に植える木について話しています。この男子学生は、道路の脇に植える木について、**どんな研究が始まっている**と言っていますか。

← 聞き取る課題

女子学生：ねえ、道路の脇に木が植えてあるのを見ると、リラックスしてストレス解消になるよね。
男子学生：そうだね。それに、街路樹って環境にもいいらしいよ。
女子学生：あ、木が二酸化炭素を吸収するから？
男子学生：それだけじゃなくて、木は**大気汚染の原因**になる物質を吸収するらしいよ。
女子学生：じゃあ、道路脇の街路樹のおかげで、空気がきれいになるってこと？
男子学生：うん。それで、大気汚染を改善するための植物を作り出す研究も始まってるんだって。
女子学生：どういうこと？
男子学生：例えば、木の遺伝子を操作して、**大気汚染の原因**物質をより多く吸収する品種を作り出すとか。
女子学生：えっ、そこまで進んでるんだ。

＊ストレス解消になるのは、研究によるものではなく、木が持つ能力

☆ここに注目：研究内容のキーワード

大気汚染＝汚れた空気
←キーセンテンス①
改善する＝悪いところを良くする
←キーセンテンス②

ここがポイント ❗

キーセンテンス①：汚れた空気をきれいにするための木を作る研究
キーセンテンス②：（具体例）遺伝子操作して、大気汚染の原因物質を多く吸収する品種を作る。

正解へのアプローチ ✏️

この男子学生は、道路の脇（わき）に植える木について、どんな研究が始まっていると言っていますか。
1．木の緑色をより美しくする研究……………………………… この研究の話はしていない　⇒×
2．ストレスを解消する木を作る研究　……………………… この研究の話はしていない　⇒×
3．木が持ついろいろな能力を調べる研究……………………… 能力の研究ではない　⇒×
4．空気をきれいにする木を作る研究……………………………… キーセンテンス①　⇒○

| 表現・語句 | 街路樹（がいろじゅ）って環境にもいいらしいよ。
・〜って［インフォーマルな表現］＝〜とは／〜というのは
　例：スカイツリーって何ですか。 |

基礎編

3　C．複数の情報の関係性を正確に理解する

スクリプト

先生が、図書館学の講義で話しています。この先生は、デパートなどの普通の店と図書館のどういう違いについて話していますか。

　図書館に毎日のように通ってくる利用者がいると、顔や名前を覚え、また、どんな本を好むかわかってしまうこともあります。こういう場合、物を売る普通のお店では、特定のお客様の好みを把握し、それに見合ったサービスをすることがありますが、図書館ではそのようなことはできません。特定の人に対して、好みに合いそうな本を薦めたり、購入してほしい本を聞いたりなど、そういうことはすべきではないのです。図書館では、どんなによく知っている人でも、その人を特別に扱ってはいけないことになっています。こういった点で、一般の店と図書館とでは異なります。

この先生は、デパートなどの普通の店と図書館のどういう違いについて話していますか。
1．利用者が物を買うか借りるかという点
2．特定の人に合わせたサービスをするかどうかという点
3．扱っているものの種類が多いかどうかという点
4．扱っているものの情報を広く知らせるかどうかという点

（『平成21年度日本留学試験（第2回）試験問題』桐原書店、聴解14番より）

【　形　式　】先生の独話（講義）
【話題・内容】図書館と普通の店の違う点
【　正　解　】2
【アドバイス】
　★何についての話か、話のテーマをつかむこと。
　★図書館と普通の店と、どちらについての話か、意識して聞きましょう。

基礎編

先生が、図書館学の講義で話しています。<u>この先生は、デパートなどの**普通の店と図書館のどういう違い**について話していますか。</u>　　　　　← 聞き取る課題

　図書館に毎日のように通ってくる利用者がいると、顔や名前を覚え、また、どんな本を好むかわかってしまうこともあります。こういう場合、物を売る普通のお店では、<u>特定のお客様の好みを把握し、それに見合った**サービス**をすることがありますが</u>、図書館では<u>そのようなこと</u>はできません。特定の人に対して、好みに合いそうな本を薦めたり、購入してほしい本を聞いたりなど、そういうことはすべきではないのです。図書館では、<u>どんなによく知っている人でも、その人を特別に扱ってはいけないこと</u>になっています。<u>こういった点</u>で、一般の店と図書館とでは異なります。

←キーセンテンス①
☆ここに注目：サービス
そのようなこと＝キーセンテンス①
＊図書館でできないサービスの具体例
←キーセンテンス②

こういった点＝キーセンテンス②

ここがポイント❗

サービスについて、話をしている。
キーセンテンス①：普通の店…それぞれのお客様に合ったサービスをする。
キーセンテンス②：図書館…どんな人にも特別のサービスをしてはいけない。

正解へのアプローチ✏️

この先生は、デパートなどの普通の店と図書館のどういう違いについて話していますか。
1．利用者が物を買うか借りるかという点……………………………………………… ⇒✕
2．特定の人に合わせたサービスをするかどうかという点　… キーセンテンス①② ⇒◯
3．扱っているものの種類が多いかどうかという点……………………………………… ⇒✕
4．扱っているものの情報を広く知らせるかどうかという点…………………………… ⇒✕
　　　　＊「サービス」についての話をしている。ほかの話はしていない⇒1、3、4は✕

表現・語句
〜など、<u>そういうこと</u>はすべきではないのです。
〜。<u>こういった点</u>で、一般の店と図書館とでは異なります。
＊このような指示語の示す内容は、その指示語より前に話されています。常(つね)にメモを取りながら聞くことが大切です。

基礎編

④ D. 話の結論や、その後の行動などを理解する

スクリプト

女子学生と男子学生が、留学生の友達と一緒に食事に行こうと相談しています。食事には、何曜日に行くことにしましたか。

女子学生：ねえ、山田君、来週、久しぶりにチンさんといっしょに御飯でも食べない？
男子学生：あ、いいね。ぜひ。
女子学生：いつがいい。
男子学生：統計学のレポートの締め切りが火曜日だから、水曜以降かな。週末はどう？
女子学生：それがね、チンさんが週末ダメなの。金曜日から二泊三日で温泉だって。
男子学生：そう。それなら、水曜か木曜は？
女子学生：ごめんなさい、水・木は私が都合悪いのよね。
男子学生：だったら、統計学のレポートは３時までに提出だから、夜ならその日でもいいよ。
女子学生：悪いわね……。じゃあ、くわしい時間と場所、あとで連絡するね。

食事には、何曜日に行くことにしましたか。
　1．月曜日
　2．火曜日
　3．水曜日
　4．木曜日

（『平成21年度日本留学試験（第1回）試験問題』桐原書店、聴解16番より）

【　形　式　】男子学生と女子学生の会話（インフォーマル：日常的な、くだけた会話）
【話題・内容】いっしょに食事に行く日を決める
【　正　解　】2
【アドバイス】

　★話の流れに沿って、メモを取りながら聞きましょう。
　★インフォーマルな会話の表現や、イントネーションに注意しましょう。
　★会話の場合、文を最後まで言わないことがあります。意味を類推しながら聞きましょう。

基礎編

女子学生と男子学生が、留学生の友達と一緒に食事に行こうと相談しています。食事には、**何曜日に行く**ことにしましたか。　　←聞き取る課題

女子学生：ねえ、山田君、**来週**、久しぶりにチンさんといっしょに御飯でも食べない？

男子学生：あ、いいね。ぜひ。

女子学生：いつがいい。　　＊ここから、日程の話

男子学生：統計学のレポートの締め切りが**火曜日**だから、水曜以降かな。**週末**はどう？　　☆ここに注目：日時を表す言葉。火曜日は、レポートを提出する日

女子学生：それがね、チンさんが週末ダメなの。**金曜日**から二泊三日で温泉だって。　　チンさん＝留学生　　って＝そうです（伝聞）

男子学生：そう。それなら、**水曜か木曜**は？

女子学生：ごめんなさい、水・木は私が都合悪いのよね。

男子学生：だったら、統計学のレポートは**3時までに**提出だから、**夜**ならその日でもいいよ。　　←キーセンテンス　　その日＝レポート提出日

女子学生：悪いわね……。じゃあ、くわしい時間と場所、あとで連絡するね。　　悪いわね＝忙しい日なのにすみません。その日にお願いします

ここがポイント ❗

男子学生（山田君）、留学生（チンさん）、女子学生の来週の予定は？
　山田君：　月火×（レポート提出3時まで・夜OK）、水木金土〇
　チンさん：金土×（温泉）
　女子学生：水木×

↓

キーセンテンス：3人が参加できるのは、火曜日の夜！

正解へのアプローチ ✏️

食事には、何曜日に行くことにしましたか。
1．月曜日……………………… 男子学生がレポートの締め切り前で忙しい ⇒×
2．火曜日……… 男子学生のレポート締め切りが3時まで。夜ならみんな参加できる ⇒〇
3．水曜日………………………………………… 女子学生の都合が悪い ⇒×
4．木曜日………………………………………… 女子学生の都合が悪い ⇒×

基礎編

5　D．話の結論や、その後の行動などを理解する

スクリプト

地方都市の議員が、自分の仕事について話しています。この議員が、これからしようとしていることはどんなことですか。

　私は、かなり前から社会に対していろいろな矛盾を感じていて、政治の世界に入れば世の中をより良くできると思っていました。それで議員に立候補したのですが、いざ議員になってみると、政治だけで社会を変えていくのがどんなに難しいか、よくわかりました。
　しかし、地方の方々が現実に直面されている身の回りの問題に取り組むうちに、協力してくださる住民の方が一人、二人と増えていき、それが地域改革のエネルギーになっていくことに気づいたんです。地域をよくしたいと考える住民の方々と一緒に知恵を出し合って、住みやすい環境を作っていく。今後こうした活動をしていきたいですね。これは周囲の地域にもいい影響を与えていくのではないでしょうか。

この議員が、これからしようとしていることはどんなことですか。
　1．政治の世界を良くすること
　2．住民とともに問題を解決すること
　3．エネルギーを節約して環境を守ること
　4．周囲の地域と交流すること

（『平成22年度日本留学試験（第1回）試験問題』桐原書店、聴解22番より）

【　形　式　】政治家の独話
【話題・内容】自分（政治家）の仕事
【　正　解　】2
【アドバイス】
　★今現在の仕事のことではなく、「これからどうするか」について話しているところを聞き取りましょう。
　★話の最後（結論）の部分をよく聞いてください。

基礎編

地方都市の議員が、自分の仕事について話しています。この議員が、**これからしようとしていることはどんなことですか**。

← 聞き取る課題

　私は、かなり前から社会に対していろいろな矛盾を感じていて、政治の世界に入れば世の中をより良くできると思っていました。それで議員に立候補したのですが、いざ議員になってみると、政治だけで社会を変えていくのがどんなに難しいか、よくわかりました。

＊今まで（過去）に感じたこと、わかったこと

　しかし、地方の方々が現実に直面されている身の回りの問題に取り組むうちに、協力してくださる住民の方が一人、二人と増えていき、それが地域改革のエネルギーになっていくことに気づいたんです。地域をよくしたいと考える住民の方々と一緒に知恵を出し合って、住みやすい環境を作っていく。今後こうした活動をしていきたいですね。これは周囲の地域にもいい影響を与えていくのではないでしょうか。

＊現状

←キーセンテンス
一緒に＝ともに
出し合う＝お互いに出す
住みやすい＝今は住みやすくない
こうした活動＝活動内容は、「こうした」より前に言っている

ここがポイント ❗

キーセンテンス：住民とともに、お互いに知恵を出し合って問題を解決し、いい環境を作っていく

正解へのアプローチ 🖉

この議員が、これからしようとしていることはどんなことですか。
1．政治の世界を良くすること…………………… すでに政治活動を始めている　⇒×
2．住民とともに問題を解決すること……………………… キーセンテンス　⇒○
3．エネルギーを節約して環境を守ること………… エネルギーを節約するのではない　⇒×
4．周囲の地域と交流すること……………………… 地域住民と交流するだけではない　⇒×

表現・語句

いざ議員になってみると、政治だけで社会を変えていくのがどんなに難しいか〜
　・いざ〜てみると＝思いを新たにして実際にやってみると
　例：この仕事はすぐ終わると思っていたが、いざ始めてみると大変でなかなか終わらない。

基礎編

6 E．話の内容を一般化あるいは具体化する

スクリプト

男子学生と女子学生が、食べ物に対する最近の考え方について話しています。女子学生の考え方に合う食べ物はどれですか。

男子学生：日本は世界中からいろいろな食べ物を輸入しているよね。そのほうが安く手に入るのかな。

女子学生：うーん、たとえ外国産の食べ物のほうが安かったとしても、それを運ぶのにたくさんエネルギーを使っているんだから、環境面での代償は高いと思うよ。飛行機や大型トラックの燃料も使うし、食べ物の冷凍や冷蔵にもエネルギーを使うんだから。

男子学生：ああそうか。安いうえに、料理の材料が豊かになるからいいことだと思ってたよ。

女子学生：もちろん豊かなのはいいことだけれど、それで環境を壊しているとしたら考え直さないとね。輸入や保存のためのエネルギーが少なくて済む、近くの生産地をもっと大切にしないと。

女子学生の考え方に合う食べ物はどれですか。
1．安くておいしい外国の野菜
2．近くの海でとれた魚や貝
3．世界中から輸入した珍しい果物
4．近所の店で買った外国産の肉

（『平成21年度日本留学試験（第2回）試験問題』桐原書店、聴解6番より）

【 形　式 】男子学生先生と女子学生の会話（インフォーマル：日常的な、くだけた会話）
【話題・内容】食べ物に対する考え方（生産地や輸入品について）
【 正　解 】2
【アドバイス】

★この会話は、一般的なことが話題となっていますが、選択肢（せんたくし）は具体的なものです。女子学生の考え方を確認し、適している答えはどれか考えましょう。

★インフォーマルな会話の表現や、イントネーションに注意しましょう。

★会話の場合、文を最後まで言わないことがあります。意味を類推しながら聞きましょう。

基礎編

男子学生と女子学生が、食べ物に対する最近の考え方について話しています。**女子学生の考え方に合う食べ物はどれですか。**　　　← 聞き取る課題

男子学生：日本は世界中からいろいろな食べ物を輸入しているよね。そのほうが安く手に入るのかな。

＊輸入するほうが安いか？

女子学生：うーん、たとえ外国産の食べ物のほうが安かったとしても、それを運ぶのにたくさんエネルギーを使っているんだから、環境面での代償は高いと思うよ。飛行機や大型トラックの燃料も使うし、食べ物の冷凍や冷蔵にもエネルギーを使うんだから。

＊輸入には、たくさんのエネルギーや燃料を使う。環境によくない

男子学生：ああそうか。安いうえに、料理の材料が豊かになるからいいことだと思ってたよ。

女子学生：もちろん豊かなのはいいことだけれど、それで環境を壊しているとしたら考え直さないとね。輸入や保存のためのエネルギーが少なくて済む、近くの生産地をもっと大切にしないと。

←キーセンテンス
それ＝輸入

ここがポイント ❗

キーセンテンス：「輸入」により、環境によくないことがあるなら、しないほうがいい。近くの生産地を大切にしなければいけない。

正解へのアプローチ ✏️

女子学生の考え方に合う食べ物はどれですか。
1. 安くておいしい外国の野菜……　**外国の野菜は輸入品。輸入時にエネルギーを消費**　⇒×
2. 近くの海でとれた魚や貝……………………　**近くの海（エネルギー消費が少ない）**　⇒○
3. 世界中から輸入した珍しい果物……………………………………………　**輸入品**　⇒×
4. 近所の店で買った外国産の肉……………………………………　**「外国産」も輸入品**　⇒×

表現・語句

それで環境を壊しているとしたら考え直さないとね。
・〜としたら＝それが事実だと考えた場合
例：その話が事実かどうかわからないが、もし事実だとしたら、警察に届けなければならない。

基礎編

E．話の内容を一般化あるいは具体化する

スクリプト

先生が、授業で、食べ物や飲み物の味について説明しています。この先生が一番言いたいのは、どんなことですか。

　私たちが食べ物や飲み物の味を判断するとき、純粋に舌で感じ取った感覚だけで判断しているでしょうか。
　次のような場合を考えてみましょう。部屋を真っ暗にして、目の見えない状態にします。さらに鼻をつまんで、オレンジジュースとリンゴジュースを飲み比べてみます。こうすると、目と鼻からの情報、つまりジュースの色やにおいはわからないので、舌だけで判断するしかなくなります。この状態で飲んだジュースは、ほとんど味の区別がつかないのです。ところが、鼻をつままず、においがわかるようにして飲むと、目からの情報がなくても、どちらがオレンジジュースでどちらがリンゴジュースかはすぐにわかります。

この先生が一番言いたいのは、どんなことですか。
　1．味は舌だけで判断できる。
　2．味は舌だけで区別するには訓練が必要である。
　3．味を判断するときには、目からの情報に大きく影響される。
　4．味を判断するときには、においの影響を受けている。

（『平成21年度日本留学試験（第1回）試験問題』桐原書店、聴解7番より）

【　形　式　】先生の独話（授業）
【話題・内容】味の判断
【　正　解　】4
【アドバイス】

★具体的な話から一般論としてどのようなことが言えるか、選択肢（せんたくし）をよく聞いて選びましょう。

基礎編

先生が、授業で、食べ物や飲み物の**味について**説明しています。
<u>この先生が**一番言いたいのは、どんなこと**ですか。</u>　　　　　　　　← 聞き取る課題

　私たちが食べ物や飲み物の味を判断するとき、純粋に**舌**で感じ取った感覚だけで判断しているでしょうか。
　次のような場合を考えてみましょう。部屋を真っ暗にして、目の見えない状態にします。さらに鼻をつまんで、オレンジジュースとリンゴジュースを飲み比べてみます。こうすると、目と鼻からの情報、つまりジュースの色やにおいはわからないので、**舌**だけで判断するしかなくなります。この状態で飲んだジュースは、ほとんど味の区別がつかないのです。ところが、<u>鼻をつままず、においがわかるようにして飲むと、目からの情報がなくても、どちらがオレンジジュースでどちらがリンゴジュースかはすぐにわかります。</u>

☆ここに注目：味の判断は「舌」の感覚だけなのか

＊舌の感覚だけでは味の区別がつかない

←キーセンテンス

ここがポイント❗

味の判断をするときの情報は……
・目からの情報：色→暗い状態ではわからない。
・鼻からの情報：におい→においがわかると、何かがわかる。（キーセンテンス）
・舌からの情報：味→舌の感覚だけではわからない。
　　　　　　　　　　↓
　　　この中で、一番言いたいことは？

正解へのアプローチ✏️

この先生が一番言いたいのは、どんなことですか。
1．味は舌だけで判断できる。……………………………… 判断できない　⇒×
2．味は舌だけで区別するには訓練が必要である。……………… この内容はない　⇒×
3．味を判断するときには、目からの情報に大きく影響される。
　　　　　　　　　　　……………………… 目からの情報がなくてもわかる　⇒×
4．味を判断するときには、においの影響を受けている。……………… キーセンテンス　⇒○

表現・語句
色やにおいはわからないので、舌だけで判断する<u>しかなくなります</u>。
・〜しかない＝そうするほかに方法がない、ほかの可能性がない
　例：私以外の人はやり方を知らないのだから、私がやる<u>しかない</u>。

日本留学試験 速攻トレーニング 聴解編

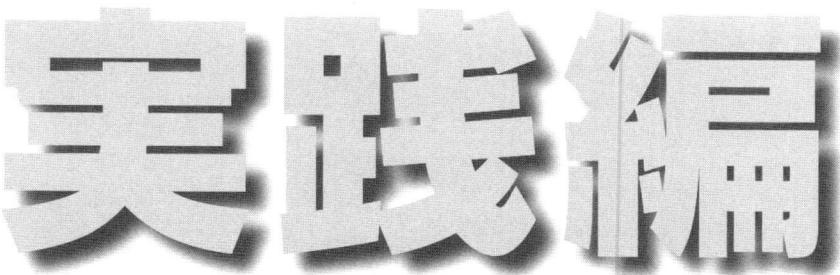

実践編

CDを聴いて問題を解きましょう。解答は、下のマークシートに鉛筆で記入してください。
35ページ以降の解説と正解で確認しましょう。

内容理解

CD		解答欄 Answer 1 2 3 4		解説と正解（ページ）	CD		解答欄 Answer 1 2 3 4		解説と正解（ページ）
CD1 02	1番	正しい	① ② ③ ④	36	CD1 15	14番	正しい	① ② ③ ④	62
		正しくない	① ② ③ ④				正しくない	① ② ③ ④	
CD1 03	2番	正しい	① ② ③ ④	38	CD1 16	15番	正しい	① ② ③ ④	64
		正しくない	① ② ③ ④				正しくない	① ② ③ ④	
CD1 04	3番	正しい	① ② ③ ④	40	CD1 17	16番	正しい	① ② ③ ④	66
		正しくない	① ② ③ ④				正しくない	① ② ③ ④	
CD1 05	4番	正しい	① ② ③ ④	42	CD1 18	17番	正しい	① ② ③ ④	68
		正しくない	① ② ③ ④				正しくない	① ② ③ ④	
CD1 06	5番	正しい	① ② ③ ④	44	CD1 19	18番	正しい	① ② ③ ④	70
		正しくない	① ② ③ ④				正しくない	① ② ③ ④	
CD1 07	6番	正しい	① ② ③ ④	46	CD1 20	19番	正しい	① ② ③ ④	72
		正しくない	① ② ③ ④				正しくない	① ② ③ ④	
CD1 08	7番	正しい	① ② ③ ④	48	CD1 21	20番	正しい	① ② ③ ④	74
		正しくない	① ② ③ ④				正しくない	① ② ③ ④	
CD1 09	8番	正しい	① ② ③ ④	50	CD1 22	21番	正しい	① ② ③ ④	76
		正しくない	① ② ③ ④				正しくない	① ② ③ ④	
CD1 10	9番	正しい	① ② ③ ④	52	CD1 23	22番	正しい	① ② ③ ④	78
		正しくない	① ② ③ ④				正しくない	① ② ③ ④	
CD1 11	10番	正しい	① ② ③ ④	54	CD1 24	23番	正しい	① ② ③ ④	80
		正しくない	① ② ③ ④				正しくない	① ② ③ ④	
CD1 12	11番	正しい	① ② ③ ④	56	CD1 25	24番	正しい	① ② ③ ④	82
		正しくない	① ② ③ ④				正しくない	① ② ③ ④	
CD1 13	12番	正しい	① ② ③ ④	58	CD1 26	25番	正しい	① ② ③ ④	84
		正しくない	① ② ③ ④				正しくない	① ② ③ ④	
CD1 14	13番	正しい	① ② ③ ④	60					
		正しくない	① ② ③ ④						

ポイント理解

CD		解答欄 Answer		解説と正解(ページ)
			1 2 3 4	
CD1 27	1番	正 し い	① ② ③ ④	86
		正しくない	① ② ③ ④	
CD1 28	2番	正 し い	① ② ③ ④	88
		正しくない	① ② ③ ④	
CD1 29	3番	正 し い	① ② ③ ④	90
		正しくない	① ② ③ ④	
CD1 30	4番	正 し い	① ② ③ ④	92
		正しくない	① ② ③ ④	
CD1 31	5番	正 し い	① ② ③ ④	94
		正しくない	① ② ③ ④	
CD1 32	6番	正 し い	① ② ③ ④	96
		正しくない	① ② ③ ④	
CD1 33	7番	正 し い	① ② ③ ④	98
		正しくない	① ② ③ ④	
CD1 34	8番	正 し い	① ② ③ ④	100
		正しくない	① ② ③ ④	
CD1 35	9番	正 し い	① ② ③ ④	102
		正しくない	① ② ③ ④	
CD1 36	10番	正 し い	① ② ③ ④	104
		正しくない	① ② ③ ④	
CD1 37	11番	正 し い	① ② ③ ④	106
		正しくない	① ② ③ ④	
CD1 38	12番	正 し い	① ② ③ ④	108
		正しくない	① ② ③ ④	
CD1 39	13番	正 し い	① ② ③ ④	110
		正しくない	① ② ③ ④	

CD		解答欄 Answer		解説と正解(ページ)
			1 2 3 4	
CD1 40	14番	正 し い	① ② ③ ④	112
		正しくない	① ② ③ ④	
CD2 01	15番	正 し い	① ② ③ ④	114
		正しくない	① ② ③ ④	
CD2 02	16番	正 し い	① ② ③ ④	116
		正しくない	① ② ③ ④	
CD2 03	17番	正 し い	① ② ③ ④	118
		正しくない	① ② ③ ④	
CD2 04	18番	正 し い	① ② ③ ④	120
		正しくない	① ② ③ ④	
CD2 05	19番	正 し い	① ② ③ ④	122
		正しくない	① ② ③ ④	
CD2 06	20番	正 し い	① ② ③ ④	124
		正しくない	① ② ③ ④	
CD2 07	21番	正 し い	① ② ③ ④	126
		正しくない	① ② ③ ④	
CD2 08	22番	正 し い	① ② ③ ④	128
		正しくない	① ② ③ ④	
CD2 09	23番	正 し い	① ② ③ ④	130
		正しくない	① ② ③ ④	
CD2 10	24番	正 し い	① ② ③ ④	132
		正しくない	① ② ③ ④	
CD2 11	25番	正 し い	① ② ③ ④	134
		正しくない	① ② ③ ④	

その他

CD		解答欄 Answer					解説と正解(ページ)
			1	2	3	4	
CD2 12	1番	正しい	①	②	③	④	136
		正しくない	①	②	③	④	
CD2 13	2番	正しい	①	②	③	④	138
		正しくない	①	②	③	④	
CD2 14	3番	正しい	①	②	③	④	140
		正しくない	①	②	③	④	
CD2 15	4番	正しい	①	②	③	④	142
		正しくない	①	②	③	④	
CD2 16	5番	正しい	①	②	③	④	144
		正しくない	①	②	③	④	
CD2 17	6番	正しい	①	②	③	④	146
		正しくない	①	②	③	④	
CD2 18	7番	正しい	①	②	③	④	148
		正しくない	①	②	③	④	
CD2 19	8番	正しい	①	②	③	④	150
		正しくない	①	②	③	④	
CD2 20	9番	正しい	①	②	③	④	152
		正しくない	①	②	③	④	
CD2 21	10番	正しい	①	②	③	④	154
		正しくない	①	②	③	④	
CD2 22	11番	正しい	①	②	③	④	156
		正しくない	①	②	③	④	
CD2 23	12番	正しい	①	②	③	④	158
		正しくない	①	②	③	④	
CD2 24	13番	正しい	①	②	③	④	160
		正しくない	①	②	③	④	
CD2 25	14番	正しい	①	②	③	④	162
		正しくない	①	②	③	④	
CD2 26	15番	正しい	①	②	③	④	164
		正しくない	①	②	③	④	
CD2 27	16番	正しい	①	②	③	④	166
		正しくない	①	②	③	④	
CD2 28	17番	正しい	①	②	③	④	168
		正しくない	①	②	③	④	
CD2 29	18番	正しい	①	②	③	④	170
		正しくない	①	②	③	④	
CD2 30	19番	正しい	①	②	③	④	172
		正しくない	①	②	③	④	
CD2 31	20番	正しい	①	②	③	④	174
		正しくない	①	②	③	④	
CD2 32	21番	正しい	①	②	③	④	176
		正しくない	①	②	③	④	
CD2 33	22番	正しい	①	②	③	④	178
		正しくない	①	②	③	④	
CD2 34	23番	正しい	①	②	③	④	180
		正しくない	①	②	③	④	
CD2 35	24番	正しい	①	②	③	④	182
		正しくない	①	②	③	④	
CD2 36	25番	正しい	①	②	③	④	184
		正しくない	①	②	③	④	
CD2 37	26番	正しい	①	②	③	④	186
		正しくない	①	②	③	④	
CD2 38	27番	正しい	①	②	③	④	188
		正しくない	①	②	③	④	
CD2 39	28番	正しい	①	②	③	④	190
		正しくない	①	②	③	④	
CD2 40	29番	正しい	①	②	③	④	192
		正しくない	①	②	③	④	
CD2 41	30番	正しい	①	②	③	④	194
		正しくない	①	②	③	④	

内容理解

 **1番** 図書館で本を借りる

男子学生が係員と図書館で話しています。<u>この男子学生は、**何冊**本を借りますか。</u>　　　← 聞き取る課題

学生：すみません、これ、借りたいんですが。
係員：はい、<u>こちらの4冊ですね</u>。では、ちょっとお待　　←キーセンテンス①
　　　ちください。確認しますので。ああ、申し訳あり
　　　ませんが、<u>こちらの本は禁帯出</u>となっていますの　　←キーセンテンス②
　　　で、館内でのご利用のみとなっています。　　　　　　禁帯出＝借りられない本
学生：あ、そうですか。……こっちの3冊もですか。
係員：いえ、<u>こちらの1冊だけです</u>。　　　　　　　　　　←キーセンテンス③
学生：わかりました。じゃ、**こちら**をお願いします。　　　こちらの＝禁帯出の

☆ここに注目：この「こちら」は1冊？　3冊？

⇩

ここがポイント

キーセンテンス①：学生が借りたい本＝4冊
キーセンテンス②③：禁帯出で借りられない本＝1冊
↓
借りる本は何冊？

1番

正解へのアプローチ ✎

この男子学生は、何冊本を借りますか。

1. 1冊 …………………………………………… 1冊は、禁帯出の本の数⇒×
2. 2冊 …………………………………………………………………………… ⇒×
3. 3冊 …………………………………… 4冊－1冊（禁帯出）＝3冊⇒○
4. 4冊 …………………………………… 4冊は、学生が持ってきた本の数⇒×

正解： 3

表現・語句

1) こちらの本は<u>禁帯出</u>となっています。
   ・禁帯出＝図書館の外に持ち出せない本

2) <u>館内</u>でのご利用<u>のみ</u>となっています。
   ・館内＝図書館の中
   ・〜内＝［その範囲に入るものを表す］
     例：室内、体内、時間内、予算内 など
   ・〜のみ＝それだけ［限定する表現］
     例：この会場を利用できるのは、この地域に住んでいる方のみとなっております。

一言アドバイス ✓

会話の中に出てくる「これ」「それ」「あれ」などが、何を意味しているのかに注意して聞きましょう。

内容理解

2番　観光ガイドの仕事

テレビ番組で、アナウンサーが観光ガイドの女性に話を聞いています。<u>この女性は、観光ガイドの仕事の何が大変</u>だと言っていますか。　　　　　　　← 聞き取る課題

アナウンサー：京都で観光ガイドをなさっているそうですが。
女　　　性：はい。観光にいらした方々をご案内しています。
アナウンサー：このお仕事のどんなところが大変だと思われますか。
女　　　性：そうですね。<u>お客様が何を望んでいらっしゃるかを考えながら案内すること</u>ですね。説明するときも、自分の知識を伝えればいいというのではなく、<u>相手の興味に合わせるように心がけています</u>。ですから、いつも同じというわけにはいかないんです。
アナウンサー：なるほど。では、これから京都へいらっしゃる方へ、何か一言。
女　　　性：京都はお勧めの場所がたくさんあるので、一日ではもったいないです。どうぞ長く滞在していろいろなところを見てくださいね！

←キーセンテンス①
＊観光ガイドの仕事について
←キーセンテンス②

＊京都へ行く人へのメッセージ

ここがポイント❗

ガイドの仕事で大変なことは……
キーセンテンス①：お客様が何を望んでいるかを考えながら案内する。
キーセンテンス②：相手の興味に合わせる。
↓
お客様（相手）の立場に立って案内する。

2番

正解へのアプローチ ✏️

この女性は、観光ガイドの仕事の何が大変だと言っていますか。

1．相手の立場に立って案内すること……………………… キーセンテンス①②と一致⇒○
2．自分の知識を正確に伝えること……………「知識を伝えればいいというのではなく」⇒×
3．どんな旅行客にも同じ内容の説明をすること
　……………………………………………………「いつも同じというわけにはいかない」⇒×
4．短い時間にたくさんの場所を案内すること
　　…案内の時間については言っていない。最後に話しているのは、京都の滞在日数についてのメッセージ　⇒×

正解： 1

表現・語句

敬語表現（尊敬語）
1）違う言葉を使うもの
　・観光ガイドをなさっている　　　　　・なさる＝する
　・観光にいらした方々　　　　　　　　・いらした＝来た
　・お客様が何を望んでいらっしゃるか　・〜ていらっしゃる＝〜ている

2）どんなところが大変だと思われますか。
　・思われます＝思います［一般動詞の尊敬を表す形］
　　1グループ［〜れる／られる］　例：読む→読まれる、寄る→寄られる
　　2グループ［〜られる］　　　　例：見る→見られる、教える→教えられる
　　3グループ　　　　　　　　　　例：する→される、来る→来られる

一言アドバイス ✓

＜尊敬を表す動詞＞
　・ご覧になる＝見る　　・召し上がる＝食べる、飲む　　・ご存じだ＝知っている
　・お休みになる＝寝る　・いらっしゃる＝いる、来る、行く
　　例：A「先生は今朝のニュースをご覧になりましたか」
　　　　B「はい、見ましたよ」

内容理解

3番　子どもの読書

先生が、授業で、子どもの読書について話しています。この先生が、**言いたいことは何**ですか。　　←聞き取る課題

　「子どもにたくさん本を読ませているのに、国語の成績が上がらない」と嘆く親がいます。話を聞くと、たいてい本を与えて「読みなさい」と言うだけなんです。それで国語の成績が悪いと言って叱(しか)るのでは、子どももやる気をなくしてしまいます。<u>まずは子どもが興味を持つように親が読んで聞かせる</u>。場面をイメージしやすいように、感情をこめてね。「これからどうなると思う？」など、<u>子どもに質問を投げかける</u>のも効果的です。少々面倒なことかもしれませんが、<u>こうしたことが子どもの興味を引き出し、想像力を育てる</u>のです。そうなれば、子どもは自分から本を読むようになり、自然に読解力や文章を書く力を身につけていくのです。

←キーセンテンス①

←キーセンテンス②

←キーセンテンス③
こうしたこと＝読んで聞かせたり、質問を投げかけたりすること

⬇

ここがポイント❗

先生が言いたいことは、
キーセンテンス①：読んで聞かせる（感情をこめて）
キーセンテンス②：質問を投げかける
↓
キーセンテンス③：キーセンテンス①②によって、子どもの興味を引き出し、想像力を育てる。結果、自分から本を読むようになり、読解力や記述力を身につけていく。

3番

正解へのアプローチ ✏️

この先生が、言いたいことは何ですか。
1．子どもが興味を持つような本を与えることが大切だ。………… 与えるだけではだめ⇒×
2．子どもが自分から本を読むようになるまで待っていたほうがいい。
　……………………………………………… 待っているのではなく読んで聞かせる⇒×
3．子どもが読書に興味を持つように工夫することが大切だ。
　………………………………………………………… キーセンテンス①②③と一致⇒○
4．子どもが本を読まないときは厳しく叱ったほうがいい。
　………………………………………………… 叱るのは国語の成績について⇒×

正解： 3

表現・語句

1）子どもに<u>質問を投げかける</u>のも効果的です。
　・質問を投げかける＝（子どもが考えるように）質問してみる
2）こうしたことが<u>子どもの興味を引き出し</u>、～
　・子どもの興味を引き出す＝（子どもが）興味を持って（何かを）始めるように働きかける
＊「投げかける（投げる＋かける）」「引き出す（引く＋出す）」のように、動詞を組み合わせて使われることがあります。
①「～かける」を使った表現
　例：話し<u>かける</u>、呼び<u>かける</u>、働き<u>かける</u>、問い<u>かける</u>
②「～出す」を使った表現
　・［外や表面に現れるようにする］例：探し<u>出す</u>、聞き<u>出す</u>、吐き<u>出す</u>、逃げ<u>出す</u>
　・［その動作を始める］　　　　　　例：歩き<u>出す</u>、話し<u>出す</u>、泣き<u>出す</u>

一言アドバイス ✓

　先生の話の中には直接「工夫」という言葉は出てきません。「子どもが興味を持つように親がすること」を「工夫」という言葉に結び付けられるかどうかも問われています。このように、本文の中の言葉が言い換えられて選択肢で使われることも多いので、注意が必要です。普段から語彙を増やしておくことも有効な対策の一つです。

内容理解

4番　ゼミの選び方

女子学生と男子学生がゼミについて話しています。<u>この男子学生は、女子学生にどんなアドバイスをしましたか。</u>　　←聞き取る課題

女子学生：先輩の入ってるゼミって、おもしろそうですね。
男子学生：うん。課題も多いし先生も厳しいけど、その分、充実してるよ。　　＊男子学生が入っているゼミについて
女子学生：そうですか。実は、どのゼミに入ろうか迷っているんです。私、**発表**が苦手なんですよね。　　☆ここに注目：女子学生の悩みは？
男子学生：そうか……。でも逆に、苦手なことを克服するチャンスだと考えたらどうかな。社会人になってからもプレゼンのときなんかに生かせるから、<u>**発表**は今のうちにきちんと練習しておいたほうがいいと思うよ</u>。　　←キーセンテンス①
女子学生：そうですね。でも、やっぱり心配だなあ。
男子学生：どのゼミも先生がきちんと指導してくださるから大丈夫だよ。<u>ただし、本当に自分の**興味**のある内容じゃないとね。途中で辛くなるよ</u>。　　←キーセンテンス②
　　　　　　　　　　　　　　　　　　　　　　☆ここに注目：どんな内容のゼミがいい？
女子学生：わかりました。よく考えてみます。

⇩

ここがポイント❗

男子学生のアドバイスは二つ。
キーセンテンス①：発表をきちんと練習しておいたほうがいい。
キーセンテンス②：自分の興味のある内容でないと辛くなる。

4番

正解へのアプローチ ✏️

この男子学生は、女子学生にどんなアドバイスをしましたか。

1. 課題が多くて、先生が厳しく指導してくれるゼミがいい。
   ……………… 課題が多く、指導が厳しいのは、今、男子学生が入っているゼミ⇒×
2. 興味のない内容のゼミでも、発表のチャンスが多いほうがいい。
   ……………………………………… 興味のある内容じゃないと辛くなる⇒×
3. 社会人になったらすぐに役立つことを教えてくれるゼミがいい。
   ……………… 発表の練習が将来役立つのであり、このようには言っていない⇒×
4. 興味のある内容のゼミで、発表の練習をきちんとしたほうがいい。
   ……………………………………………………… キーセンテンス①②と一致⇒○

正解： 4

表現・語句

1）プレゼンのときなんかに生かせるから～
   ・プレゼン＝プレゼンテーション
   ・生かす＝上手に利用する
      例：・趣味のピアノを生かして、老人ホームで演奏ボランティアをしている。
         ・将来、大学で勉強したことを生かせる仕事がしたい。

2）ただし、本当に自分の興味のある内容じゃないとね。
   ・ただし＝［例外や注意事項を付け加えるときの表現（接続詞）］
      例：・入場料は500円です。ただし、3歳以下のお子様は無料です。
         ・週末の宿題はありません。ただし、月曜日に小テストをします。

一言アドバイス ✓

　会話では、相手の話を受けながら、それぞれの意見やアドバイスを展開させていくことが多いです。会話の流れをつかみながら、意見やアドバイスの部分を的確に聞きましょう。

内容理解

5番 「メッツ」という単位

先生が、メッツという単位について話しています。この先生は、メッツは何を表す単位だと言っていますか。

← 聞き取る課題

　皆さんは「メッツ」という単位を知っていますか。「メッツ」というのは運動の程度を表す単位で、スポーツのような本格的な運動だけでなく、日常生活の中のあらゆる動作の強さを表すことができるんです。たとえば、食器洗いは2.5メッツ、買物程度の歩行、1分間に約70mの速度ですが、これは3メッツ、掃除機がけは3.5メッツなどです。「メッツ」は酸素の摂取量を基にして決められていて、安静にしているときが1メッツです。3メッツ以上なら、肥満や糖尿病（とうにょうびょう）など生活習慣病の予防に効果があるということです。

←キーセンテンス
☆ここに注目：何を「表す」？
＊以下「メッツ」の例と特徴

ここがポイント❗

「メッツ」とは……
・運動の程度を表す単位で、あらゆる動作の強さを表す。（キーセンテンス）
・酸素の摂取量を基にして決められている。
・3メッツ以上なら生活習慣病の予防に効果がある。
　　　　　↓
　　課題の答えは、この中のどれ？

5番

正解へのアプローチ ✏️

この先生は、メッツは何を表す単位だと言っていますか。
1. スポーツや日常生活の運動の程度………………………… キーセンテンスと一致⇒○
2. 運動するときに必要な酸素の量………………………… これを基にしているだけ⇒×
3. スポーツや家事をするときにかかる時間……………………… 時間を表すのではない⇒×
4. 病気の予防に対する効果の程度
　　　　　　　………………………… 3メッツ以上なら病気の予防に効果があると言っているだけ⇒×

正解： 1

表現・語句

1） 酸素の摂取量を基にして決められていて〜
　・〜を基にして＝〜を根拠や材料にして
　　例：この地域に伝わる伝説を基にして映画を作ることになった。

2） 肥満や糖尿病（とうにょうびょう）など生活習慣病の予防に効果がある〜
　・生活習慣病＝毎日の生活習慣（食事、運動、ストレスなど）の積み重ねによって引き起こされる病気のこと。糖尿病（とうにょうびょう）、心臓病（しんぞうびょう）、高血圧（こうけつあつ）、肥満（ひまん）など。以前は成人がなる病気だったが、最近は子どもの患者も増えていて、社会問題になってきている。

一言アドバイス ✓

「メッツ」という言葉を初めて聞いた人もいるでしょう。聴解の中にわからない言葉が出てくると不安になるかもしれませんが、それがその話の中で重要な言葉の場合は、必ず意味の説明が出てきます。意味の近いほかの言葉や表現に言い換えられている場合もあります。あせらず、落ち着いて聞きましょう。

内容理解

6番 新しい学部を作った目的

アナウンサーが大学の学長に取材しています。<u>この大学の学長は、新しい学部を作った**目的は何**だと言っていますか。</u>

← 聞き取る課題

アナウンサー：こちらの大学では、今年新しい学部を作られたそうですね。

大学学長：ええ。社会が複雑化している今、人種や地域を超えた地球規模の問題が増えています。そこで、本大学では「**共生**(きょうせい)」をテーマに、現代社会に適した人材を育てることを目指して、新たな学部を創設しました。

☆ここに注目：学部のテーマ

アナウンサー：「共生(きょうせい)」というのは、人々が協力していっしょに生きるという意味ですか。

大学学長：ええ、そうです。異なる文化や生活習慣を持った人間同士が、です。でも人間だけではありません。<u>動物や自然など地球上のすべてのものが共に生きる。私たちはそうした広い視野を持った人間を育てていきたい</u>と思っています。

←キーセンテンス

そうした＝動物や自然など地球上のすべてのものが共に生きる

⇩

ここがポイント ❗

学部のテーマ「共生」の意味は？
地球上のすべてのものが共に生きること。（キーセンテンス）
↓
地球規模の視野を持った人間を育てていきたい。

> 6番

正解へのアプローチ ✎

この大学の学長は、新しい学部を作った目的は何だと言っていますか。

1. 人々が協力して社会問題を解決するため
   ……………………………………… そのためにまず「共生」が必要だと言っている⇒×
2. さまざまな文化や習慣を持った人々の生活を守るため……… 守るとは言っていない⇒×
3. 地球規模の視野を持った人間を育てるため…………… 学長の考える「共生」と一致⇒○
4. 地球上の動物や自然を保護するため………… 保護ではなく共に生きると言っている⇒×

正解： 3

表現・語句

1) 新しい学部を作られたそうですね。
   ・作られた＝作る＋られる
   ・〜れる／られる　［敬語表現（尊敬語）］　＊2番（p.39）参照
      例：学生「先生は今日、何時に帰られますか」
         教師「そうだね。7時頃までは学校にいるつもりだよ」

2) 異なる文化や生活習慣を持った人間同士が、です。
   ・人間同士が、です＝人間同士が、（協力していっしょに生きるという意味）です
      ［（　）内はアナウンサーの言葉の繰り返しになるため省略されている］
      例：A「クラス全員が合格したんですか」
         B「はい、クラス全員が、です」

一言アドバイス ✓

　学長が「共生」という言葉をどのような意味で使っているか注意しましょう。一般的な意味ではなく、その人独特の意味で使っている場合があります。

内容理解

7番　日本人がディベートを苦手とする理由

先生が日本人がディベートを苦手とする理由について話しています。この先生は、ディベートでは**どんなことが大切**だと言っていますか。　　　← 聞き取る課題

　日本人はよくディベートが苦手だと言われていますが、これはなぜでしょうか。一つには高校までの学校教育の中でディベートの経験が少ないことが挙げられます。しかも、そのわずかな経験の中でも、間違いとされた意見を簡単に排除したり、その意見を言った人をみんなで馬鹿にしたりするようなことが起こります。これでは自信もなくし、のびのびと自由な発言ができなくなりますね。ディベートでは正しい答えを得ることだけが目標ではなく、お互いの意見を尊重し合うことが大切なのです。そのためには、やはりディベートに触れる機会を増やし、慣れていくことが必要です。

＊日本人がディベートが苦手な理由

←キーセンテンス

＊「お互いの意見を尊重し合うこと」ができるようになるために必要なこと

⇩

ここがポイント❗

日本人がディベートを苦手とする理由は？
経験が少ない。間違いとされた意見を排除したり、馬鹿にしたりするから。
↓
キーセンテンス：正しい答えを得ることだけが目標ではない。大切なのは？

> 7番

正解へのアプローチ ✏️

この先生は、ディベートではどんなことが大切だと言っていますか。

1. 自信を持って意見を言うこと
   ……………「自信をなくす」話はしているが、このようなことは言っていない⇒×
2. 間違った意見を言わないこと
   ……………「言わないこと」が大切なのではなく、どう対処するかが大切⇒×
3. お互いの意見を尊重し合うこと………… キーセンテンス：ディベートの大切な条件⇒○
4. 人の前で意見を言うことに慣れること
   ……………これは、お互いの意見を尊重し合えるようになるために必要なこと⇒×

正解： 3

表現・語句

1) 日本人はよく<u>ディベート</u>が苦手だと言われています。
   ・ディベート＝特定のテーマについて、肯定と否定の二組に分かれて行う討論

2) その<u>わずかな</u>経験の中でも～
   ・わずか＝数量・程度・価値などがきわめて少ないこと
      例：・昨日のバスケットボールの試合は、<u>わずかな</u>差でAチームが勝った。
         ・子どもの頃に住んでいた町のことは、<u>わずかに</u>覚えているだけだ。

3) その意見を言った人をみんなで<u>馬鹿にしたり</u>するようなことが起こります。
   ・馬鹿にする＝相手を自分より劣ったものとして軽く見る
      例：ゲームで負けて、息子に<u>馬鹿にされて</u>しまった。

4) <u>のびのび</u>と自由に発言ができなくなりますね。
   ・のびのび＝心配などがなく、自由でゆったりした様子
      例：子どもは自然の中で<u>のびのび</u>と育てたい。

内容理解

8番　大会優勝者が困っていること

司会者が、テレビ番組で、ダンス大会で優勝した女性にインタビューしています。<u>この女性が、今、困っていることは何</u>ですか。　　　← 聞き取る課題

司会者：全国ダンス大会の優勝、おめでとうございます。
女　性：ありがとうございます。
司会者：半年前に**怪我**をされたそうですが、大会に間に合いましたね。

☆ここに注目：この女性が怪我をした（する⇒される：敬語）

女　性：ええ。正直言うと、<u>まだ完全とは言えない状態</u>なんですが…。

まだ完全とは言えない状態＝怪我が完全には治っていない

司会者：当初はリハビリが大変だったそうですね。
女　性：ええ。リハビリがきつくて、もうダンスをやめようかとさえ思いました。大会のための練習もあったので、精神的に厳しかったですね。

＊怪我をした半年前から今までの話

司会者：そうですか。大変でしたね。さて、いよいよ1カ月後は世界大会ですが。
女　性：はい。今回できなかった技を是非入れたいと思います。ただ、<u>成功させるには、かなり練習が必要なんですが、**怪我**が完治していないので、ほとんどできなくて……</u>。本当に早く治ってほしいんですけど。

←キーセンテンス

司会者：そうですね。ところで、今回の優勝でマスコミからの取材が殺到してるんじゃないですか。
女　性：ええ。ありがたいことなんですけど、練習もあるのであまり時間がとれなくて、申し訳ないです。
司会者：いえいえ、こちらこそお忙しいときにわざわざお越しいただいて。どうぞ頑張ってくださいね。期待しています。

⇩

ここがポイント❗

今、この女性が困っているのは、怪我のせいで、世界大会に向けての練習ができないこと。

> 8番

正解へのアプローチ ✏️

この女性が、今、困っていることは何ですか。

1. 怪我が完全に治っていないこと
   ……………………… そのせいで、したい技の練習ができなくて困っている。⇒○
2. リハビリが大変なこと……………………………………… 怪我をした当初の話⇒×
3. 練習が厳しいこと………………… 大会前に、怪我で精神的に厳しかった、という話⇒×
4. 取材を受ける時間があまりとれないこと
   ……………………… 申し訳ないとは思っているが、困ってはいない。⇒×

正解： 1

表現・語句

1) 怪我をされたそうですが〜
   ・された＝した［〜れる／られる形を使った尊敬表現］ ＊2番（p.39）参照
   例：・先生がこの本を書かれました。（書く）
   　　・週に1回、社長はテニスをされます。（する）

2) ダンスをやめようかとさえ思いました。
   ・〜とさえ思う＝普通では考えられない程度のことを考えたり思ったりする
   例：あの人のためなら死んでもいいとさえ思う。

一言アドバイス ✓

　会話では、話者の話の続きやまとめを、相手が引き継いで話すことがあります。聞き落とさないように話の流れに注意して聞くようにしましょう。また、過去の話なのか現在の話なのか、時制にも注意が必要です。

内容理解

9番　効果的な頼み方

先生が、心理学の授業で話しています。この先生は、一番依頼を引き受けたくなるのはどんなときだと言っていますか。　　　　　　　　　　　　　← 聞き取る課題

「こんなことを頼めるのはあなたしかいません」「あなたなら大丈夫でしょう」こんなふうに言われて、つい難しい依頼を引き受けてしまったなんていうことはありませんか。これは、自分が信頼されていると思うことが自信につながり、大きなモチベーションになるためです。一方、人に依頼をするとき「よろしくお願いします」を連発したり、頭を下げてぺこぺこしたりする人をよく見かけます。とても丁寧で良さそうに見えますが、実際の効果はいまひとつです。また、比較的簡単にできそうなことを頼まれたときより、難しそうなことを頼まれたときのほうが、先程お話ししたような傾向が強いと言えるでしょう。

＊依頼を引き受けたくなるときの例

←キーセンテンス
これ＝依頼を引き受けてしまうこと

効果はいまひとつ＝「よろしくお願いします」を連発したり、頭を下げてぺこぺこしたりしても、あまり効果はない

⇩

ここがポイント❗

話の前半は、依頼を引き受けたくなるときの例。
「こんなことを頼めるのはあなたしかいません」「あなたなら大丈夫」
こんなふうに言われて、つい難しい依頼を引き受けてしまった……。
↓
キーセンテンス：これは、自分が信頼されていると思うことが自信につながり……。

9番

正解へのアプローチ ✎

この先生は、一番依頼を引き受けたくなるのはどんなときだと言っていますか。
1. 自分が信頼されていると感じたとき………………………… キーセンテンスと一致⇒○
2. 頭を下げて丁寧（ていねい）に頼まれたとき…………………………「効果はいまひとつ」⇒×
3. 「よろしくお願いします」を連発されたとき …………………「効果はいまひとつ」⇒×
4. 難しい依頼より簡単な依頼をされたとき
　…どちらかというと、難しい依頼をされたときのほうがモチベーションが上がると言っているので逆。また、「頼まれ方」が重要で、依頼の内容が簡単か難しいかは重要なポイントではない⇒×

正解：　1

表現・語句

1）ついい難しい依頼を引き受けてしまった～
・つい＝［意図しないで、思わず、不本意ながらそうしてしまう様子を表す］
　例：友だちがケーキを食べているのを見て、ついいっしょに食べてしまった。
　　　ダイエットをしているのに……。

2）頭を下げてぺこぺこしたりする人～
・ぺこぺこ＝①［とてもおなかがすいている様子］
　　　　　　例：朝から何も食べていないのでおなかがぺこぺこです。
　　　　　　②［謝るときや、お願いするときなどに頭を下げる様子］
　　　　　　例：そんなにぺこぺこされても、お金は貸せませんよ。

3）効果はいまひとつです。
・いまひとつ（今一つ）＝あまり～ない
　例：・今回のテストの点はいまひとつだった。＝あまり良くなかった
　　　・この料理、高いのに、味はいまひとつだね。＝あまりおいしくない

内容理解

10番 家具の配置 [CD1-11]

インテリアコーディネーターが、テレビ番組で、家具の配置について話しています。このインテリアコーディネーターは、居間でくつろぐために、家具の配置で注意することは何だと言っていますか。　← 聞き取る課題

　最近、家の中でも特に居間を快適にしようと考える人が増えています。居間にお気に入りの**ソファ**を置き、そこでのんびりとくつろごうというわけです。十分に広い部屋ならば申し分ないのですが、なかなかそうはいきません。それで、居間を少しでも広くするために、**食卓**テーブルを置かずに**ソファ**の前の低い**テーブル**で食事をする人もいますが、これは逆効果です。食後にくつろごうとしたときに、目の前に食べ終わったあとの食器があったら落ち着かないですよね。だから、食事の空間とくつろぐ空間はなるべく分けたほうがいい、離したほうがいいんです。同じ理由で、**ソファ**から**食卓**やキッチンが丸見えなんてことも避けたいですね。

☆ここに注目：ソファと食卓（テーブル）の配置

←キーセンテンス

避けたい＝やめたほうがいい

⬇

ここがポイント❗

　　どのような家具の配置について話しているか？　よくない配置は？
　　　家具：ソファと食卓（テーブル）
　　よくない配置：①食卓テーブルを置かずにソファのテーブルで食事をする＝逆効果
　　　　　　　　②ソファから食卓やキッチンが見える
　　　　　　　　　　　　↓
　　キーセンテンス：食事の空間とくつろぐ空間はなるべく分けて、離したほうがいい

10番

正解へのアプローチ ✎

このインテリアコーディネーターは、居間でくつろぐために、家具の配置で注意することは何だと言っていますか。

1. 食卓テーブルを置かずにソファの前に低いテーブルを置く。
   ………………………………………………………………… この方法は「逆効果」⇒✕
2. ソファから食卓やキッチンが見えるように配置する。……… 丸見えは「避けたい」⇒✕
3. 部屋が広く見えるようにソファを置く。………………… このようには言っていない⇒✕
4. ソファと食卓テーブルを離して配置する。………………… キーセンテンスと一致⇒○

正解： 4

表現・語句

1) 居間にお気に入りのソファを置き、〜
   - お気に入り＝「気に入る」の名詞形＝好き、良いと思っているもの
     例：兄は、出かけるとき、いつも同じお気に入りの服を着ている。

2) のんびりとくつろごうというわけです。
   ＝「のんびりとくつろごう」という理由からです［前文の理由を表す］
     例：毎年12月に温泉へ行きます。1年の疲れを取ろうというわけです。
        ＝毎年12月に温泉に行く理由は、1年の疲れをとるためです。

3) 十分に広い部屋ならば申し分ないのですが、〜
   - 申し分（不満な点、非難すべき点）＋ない＝不満や文句を言う点がない
                                           →それほどすばらしい
     例：この成績なら申し分ありません。大学に合格できるでしょう。

内容理解

11番 栄養学を勉強している理由

男子学生と女子学生が、この女子学生の専門である栄養学について話しています。<u>この女子学生は、今、栄養学を勉強している理由は何</u>だと言っていますか。

← 聞き取る課題

男子学生：栄養学って、最近人気があるらしいね。
女子学生：うん。栄養士の資格が取れるから就職に有利だって……。

＊専門に選んだときの理由⇒資格

男子学生：資格かあ。それは大きな魅力だなあ。
女子学生：私もそれが理由で選んだんだけど、<u>今はちょっと違う</u>な。料理のメニューを考えたり作ったり、楽しそうに見えるけど、結構大変なのよ。病気の人とかスポーツ選手とか、それぞれに合った栄養を考えてメニューを作らなきゃいけないからね。

今はちょっと違う＝今の理由は違う

＊栄養学の大変さ

男子学生：ふうん。でも、<u>食事を通していろんな人の役に立てる</u>なんて、やりがいがあるんじゃない？　立派な社会貢献だと思うよ。

←キーセンテンス①

女子学生：そうでしょう。<u>今はそれが一番大きいかな</u>。一生懸命考えた料理をみんなに「ありがとう」って言ってもらえると、苦労も吹き飛ぶしね。

←キーセンテンス②

⇩

ここがポイント❗

男子学生の言葉を女子学生が肯定していることに注目！
キーセンテンス①：「食事を通していろんな人の役に立てる」「社会貢献」
↓
キーセンテンス②：「今はそれが一番大きいかな」

11番

正解へのアプローチ ✏️

この女子学生は、今、栄養学を勉強している理由は何だと言っていますか。

1．就職に有利な資格が取れるから……… 専門に選んだときの理由。今の理由ではない⇒×
2．料理を考えたり作ったりするのが好きだから…………… 大変だと言っている⇒×
3．食事を通して社会の役に立てるから………………… 人の役に立てる、社会貢献⇒○
4．みんなに感謝されたいから
　……………………… 感謝されると苦労も吹き飛ぶと言っただけ。理由ではない⇒×

正解： 3

表現・語句

1）作ら<u>なきゃいけない</u>からね。
　・～なきゃ ［インフォーマルな会話表現］
　　＝～なければ ［フォーマルな会話表現］
　　例：A「これから映画を見に行かない？」
　　　　B「今日はちょっと……。明日までにレポートを書か<u>なきゃいけない</u>から」

2）やりがいがある<u>んじゃない</u>？
　・やりがいがあるんじゃない＝やりがいがある<u>のではありませんか</u>
　　　　　　　　　　　　　　（やりがいがあると思っている）
　・～んじゃない［インフォーマルな会話表現］＝～のではありませんか
　　例：A「何だか寒気(さむけ)がするなあ。頭も痛いし……」
　　　　B「風邪(かぜ)をひいたんじゃない？」

一言アドバイス ✓

　「今」勉強している理由が問われているので、専門に選んだとき（過去）の理由と間違えないように注意しましょう。

内容理解

12番 子どもの将来像についてのアンケート

ニュース番組で、解説者が、母親を対象に行った調査の結果について話しています。<u>この結果から、**東京の母親が自分の子どもに期待していることは、何**だと考えられますか。</u>

 ある会社が、3歳から6歳の子どもを持つ東京、ソウル、北京（ペキン）、上海（シャンハイ）、台北（タイペイ）の五つの都市の母親を対象に、わが子に願う将来像、つまり、自分の子どもに将来どんな人になってほしいと思っているか、というアンケート調査を実施しました。その結果、まず、第1位は、五つの都市とも「自分の**家族**を大切にする人」でした。2位以下は、回答が分かれました。<u>東京では、2位が「**友人**を大切にする人」、3位が「**他人**に迷惑をかけない人」</u>でした。ほかの4都市では、2位・3位には「仕事で能力を発揮する人」「リーダーシップのある人」「まわりから尊敬される人」「経済的に豊かな人」などが並びました。この結果から、4都市の母親は、子どもに社会的な活躍を求める傾向が見られますが、東京の母親は、それとは異なる考え方であることがわかります。

← 聞き取る課題

＊1位は5都市とも「家族を大切にする人」

←キーセンテンス

☆ここに注目：三つのキーワードの共通点は？

⇩

ここがポイント❗

アンケートの結果、東京の母親が自分の子どもに期待することは？
 5都市共通1位：「家族を大切にする」
  キーセンテンス：「友人を大切にする」「他人に迷惑をかけない」
   ↓
 自分の周りの人に配慮してうまくやっていく。人間関係を大切にする。

正解へのアプローチ ✏️

この結果から、東京の母親が自分の子どもに期待していることは、何だと考えられますか。
1. 仕事で能力を発揮する人になること……………………………… 4都市の2、3位⇒×
2. 人間関係を大切にする人になること……………………………… 東京の2、3位⇒○
3. お金をたくさん稼ぐ人になること………………………………… 4都市の2、3位⇒×
4. リーダーとして慕われる人になること…………………………… 4都市の2、3位⇒×

正解： 2

表現・語句

1）わが子に願う将来像、<u>つまり</u>、自分の子どもに将来どんな人になってほしいと思っているか、〜
  ・つまり＝［同じ意味の別の語句や表現に言い換える］
    例：A「アルバイト先の店長に明日からもう来なくていいって言われたんだ」
       B「<u>つまり</u>、クビになったってことだね」

2）<u>まず</u>、第1位は、五つの都市とも「自分の家族を大切にする人」でした。
  ・まず＝最初に
    例：それでは、これから合同ミーティングを行います。<u>まず</u>、お一人ずつ自己紹介をお願いします。

3）3位が「他人に<u>迷惑</u>をかけない人」でした。
  ＊「迷惑」の使い方に注意！
  ・〜に迷惑をかける／〜の迷惑になる／〜は迷惑だ
    例：・ゆうべは飲みすぎて具合が悪くなり、いっしょにいた友だち<u>に迷惑をかけて</u>しまった。
       ・図書館で大声で話すのは、周りの人<u>の迷惑になる</u>のでやめましょう。
       ・夜、遅い時間にかかってくる電話<u>は迷惑だ</u>。

4）<u>リーダーシップ</u>のある人
  ・リーダーシップ＝指導者としての能力、資質

内容理解

13番　サークルのコンパの準備

女子学生と男子学生が学校のサークルのコンパについて話しています。**この男子学生が、一番大変だと思っていることは何ですか。**

← 聞き取る課題

女子学生：ねえ、次のコンパ、決まった？　幹事（かんじ）だったよね。

男子学生：うん、今、案内作ってるところ。ほら、こんな感じ。

女子学生：わあ、すごいじゃない。わかりやすいし。作るの大変でしょう。

男子学生：いや、こういうこと好きだからさ。あとでみんなにメールするよ。

こういうこと＝案内を作ること⇒好き⇒大変ではない

女子学生：じゃ、見たらすぐ返事するね。やっぱりメールは簡単でいいね。

男子学生：でも今回、4年生には案内をコピーして手渡しすることにしたんだ。そのときに返事を聞いちゃおうと思って。

＊案内を手渡しすることは大変？

女子学生：え～、大変じゃない。

男子学生：うん。でも前回、4年の先輩の返事がなかなか来なくてさ、店の予約がギリギリになって、店探すの、ほんとに苦労したんだよ。またそうなるより、ましだよ。

←キーセンテンス

そうなる＝予約がギリギリになる

女子学生：そうなんだ。じゃあ、手伝えることがあったらやるから言ってね。

⇩

ここがポイント❗

キーセンテンス：案内を手渡しするのは大変なこと。だが、出欠の返事が来なくて、参加人数が決まらず、店の予約が遅くなるほうがもっと大変！

13番

正解へのアプローチ ✏️

この男子学生が、一番大変だと思っていることは何ですか。

1. わかりやすい案内を作ること ………………………………… 案内を作るのは好き⇒×
2. メンバーに案内をメールすること ……………………………… メールは簡単⇒×
3. メンバーに案内を手渡しすること
   ……………………………… 店の予約ができなくなるより手渡しするほうがまし⇒×
4. メンバーから早く返事をもらえないこと
   ………… キーセンテンス：返事が遅れると店を決めるのも遅くなり、予約が大変⇒○

正解： 4

表現・語句

1) 次のコンパ、決まった？ 幹事だったよね。
   ・幹事＝会合や宴会の世話（店の予約、予算の管理、その他）をする人
2) 4年生には案内をコピーして手渡しすることにしたんだ。
   ・手渡し（する）＝手から手へ渡す。ほかの人を通さず、直接相手に渡すこと
     例：今は社員の給料を銀行振り込みする会社がほとんどだが、以前は手渡しの
         会社が多かった。
3) 店の予約がギリギリになって、～
   ・ぎりぎり＝［限度いっぱいで余裕のない様子を表す］
     例：時間ぎりぎりで終電（最終電車）に間に合った。
4) そうなるより、ましだよ。
   ・まし＝よくはないが、比較するとまだこちらのほうがいい
     例：・残業はいやだが、残業を断ってバイトを首になるよりましだ。
         ・今日の昼はバナナを半分しか食べていないが、何も食べないよりはましだ。

一言アドバイス ✓

日本語には、ものの様子を表す「擬態語」がたくさんあります。

例：ぎりぎり・すれすれ・だぶだぶ・がらがら、など

＊強調したい場合は、カタカナで表記されることもあります。

いろいろな様子を表すことができるので、ぜひ使ってみてください。

内容理解

14番　関節の痛みへの対処法

専門医の先生が、「身体の関節の痛みへの対処法」について話しています。この先生は、**関節に痛みがあるときは、どうしたほうがいい**と考えていますか。　　　　　　← 聞き取る課題

　年齢とともに、腰・ひざなどの関節が弱り、腰痛やひざの痛みなどの症状が出ることがあります。予防や回復に運動はもちろん大切ですが、痛みがある場合には早めに病院で診察を受け、湿布（しっぷ）などの貼（は）り薬（ぐすり）で症状を抑えることです。痛みがあると、どうしても日常生活に支障をきたし、動けないことで筋肉も低下し、転倒や骨折、ひいては寝たきりになる恐れもあります。ですから、できるだけ早く**痛みをとり**、日常生活や運動に短期間で復帰するという考え方が重要です。痛みがある場合に我慢（がまん）して無理をしたり、自己流で運動をしたりして何とかしようとする人もいますが、自己判断は危険です。無理をすると症状が悪化して治療が難しくなります。

　このような症状を予防するために、日頃から、週3日、1回30分以上、休まないで歩くことをお勧めします。

←キーセンテンス

＊理由

☆ここに注目：痛みをとる＝症状を抑える

＊しないほうがいいこと

＊予防法

ここがポイント ❗

話の最初に結論（したほうがいいこと）がある。（キーセンテンス）
そのあとに、その理由や、しないほうがいいことなどが語られている。

14番

正解へのアプローチ ✏️

この先生は、関節に痛みがあるときは、どうしたほうがいいと考えていますか。

1. スポーツジムに通って筋肉をつける。………………… **しないほうがいいこと⇒×**
2. どこへも行かないで家で寝ている。………………… **早めに病院へ行ったほうがいい⇒×**
3. 医師に相談して薬で治療する。………………………… **キーセンテンスと一致⇒○**
4. 毎日30分以上歩く。 …… **痛くならないための予防法。痛いときの対処法ではない⇒×**

正解： 3

表現・語句

1) 自己流で運動をしたりして<u>何とかしよう</u>とする人もいますが、～
   ・何とかする＝不都合を取り除いて、現状をより好ましい状態にする
   例：大家さん、隣の部屋の人がうるさくて寝られません。<u>何とかして</u>ください。

2) 休まないで歩くことを<u>お勧めします</u>。
   ・お～する＝［敬語（謙譲）：自分が相手のために何かの行為をすることを表す］
   例：学生「先生、その荷物、<u>お持ちしましょうか</u>」
   　　先生「ありがとう。お願いします」

一言アドバイス ✓

　この問題集でも何度か出ていますが、敬語にはいろいろなタイプがあります。どんな<u>立場の人がどんな立場の人に対して</u>言っているのか、また誰がする行為なのか、しっかり理解して聞くことが重要です。一度、敬語の使い方を整理しておくことをお勧めします。

＜尊敬語の文型＞

・お～になる［行為者は目上の相手］
　例：お客様が<u>お帰りになりました</u>。⇒帰ったのは「お客様」
・お～ください［目上の相手に、ある行為を指示・依頼する］
　例：お客様、少々こちらで<u>お待ちください</u>。⇒待つのは「お客様」

＜謙譲語の文型＞

・お～します［目上の相手に対してする行為を表す］
　例：お客様、こちらでコートを<u>お預かりします</u>。⇒お客様のコートを預かるのは「店の人」

内容理解

15番　昼寝の効果

先生が昼寝の効果について話しています。この先生は、**昼寝の効果について何**と言っていますか。　　←聞き取る課題

　皆さんは、昼ご飯を食べたあと、少しすると、無性に眠くなることがありませんか。実は、人間には午前2時から4時までと午後1時から4時までの2回、眠気のピークがあります。昼食後はちょうどこれにあたります。このとき、眠気を我慢しながら作業を続けると、効率が下がるだけでなく、事故やミスも起こりやすくなります。そこで、効果的なのが、昼食後の昼寝です。15分間仮眠を取るだけで、作業効率が格段に上がり、ミスが減少するという実験結果が出ています。また、脈拍が下がり、リラックスできることもわかっています。ただし、長い時間寝ると脳の活動レベルを下げ、逆効果になります。

＊眠気の説明

＊眠気を我慢することのデメリット

←キーセンテンス

＊逆効果なこと

⇩

ここがポイント❗

前半では、眠気についてと、眠気を我慢することのデメリットについて話している。
昼寝の効果は？
↓
キーセンテンス：①作業効率が上がる　②リラックスできる

15番

正解へのアプローチ ✏️

この先生は、昼寝の効果について何と言っていますか。

1．脳の活動レベルが下がりリラックスできる。
　……………………………… キーセンテンス：リラックスできるのは脈拍(みゃくはく)が下がるから⇒×
2．眠気(ねむけ)を我慢(がまん)できるようになる。
　… 昼寝をすると眠気(ねむけ)がおさまるのであり、我慢(がまん)できるようになるとは言っていない⇒×
3．作業の効率がアップする。……………… キーセンテンス：作業の効率が格段に上がる⇒○
4．15分以上寝なければ効果がない。　………………… 長い時間寝ると、逆効果になる⇒×

正解： 3

表現・語句

1）昼食後はちょうどこれにあたります。
　・〜は〜にあたる＝相当(そうとう)する
　　例：他人の自転車を盗んで乗ることは、犯罪行為にあたる。

2）15分間仮眠(かみん)を取るだけで、〜
　・〜だけで＝それをするだけで
　　例：ボタンを押すだけで、簡単に操作できる。

3）作業効率が格段に上がり、〜
　・格段に＝特に、とりわけ
　　例：毎日10分集中してテープを聞くようになってから、格段に聴解力が伸びた。

4）ただし、長い時間寝ると脳の活動レベルを下げ、逆効果になります。
　・ただし＝［前に述べた内容について、細かい注意事項や例外を示す］
　　例：交流会の参加費は無料です。ただし、交通費は各自負担になります。
　・逆効果＝期待した効果と逆の結果があらわれること

内容理解

16番 フェアトレード

男子学生と女子学生がフェアトレードについて話しています。<u>この**女子学生の考え方と合うのはどれ**</u>ですか。　　← 聞き取る課題

男子学生：あれ、変わったデザインのバッグだね。
女子学生：ああ、これ、<u>フェアトレードのお店で買ったんだ。</u>　　フェアトレード = Fair Trade
男子学生：フェアトレード？
女子学生：うん。途上国で生産した物を輸入するときに、先進国は自分たちの利益のために安く買ってしまいがちなんだけど、それじゃ、途上国の生産者はいつまでも貧しいままなんだよね。それで、<u>途上国の生産者の暮らしを守るために、適正な価格で生産者から直接買い取っているんだ。</u>ほかにも服やコーヒーなんかも売ってるよ。　　＊フェアトレードの説明　　←キーセンテンス①
男子学生：へえ。でも、普通の店で買うより<u>高め</u>なんでしょ？同じものを買うなら、やっぱり安いほうがいいって人も多いんじゃないかな。　　高め＝多少高い　　例）多め、少なめ、長め、短め
女子学生：うーん、確かにね。でも、<u>私たちが安いコーヒーを飲んでる一方で、低賃金で貧困に苦しんでる途上国の労働者がいるってことも考える必要があると思うけどね。</u>　　←キーセンテンス②
男子学生：うーん、そうだね。これからは、グローバル化していく中でお互いに支え合っていかなければならないってことだね。

⇓

ここがポイント ❗

フェアトレードの店で買ったバッグを持っているこの女子学生の考えは？
キーセンテンス①：この店の物は、途上国から輸入した「適正価格」のもの。
キーセンテンス②：貧困に苦しんでいる途上国の労働者のことを考える必要がある。

16番

正解へのアプローチ ✏️

この女子学生の考え方と合うのはどれですか。

1．フェアトレードで買うよりスーパーで安く買ったほうがいい。
　　………………………… そう思っている人もいるのではないかと言っているだけ⇒×
2．フェアトレードの品物は適正な価格で売ったほうがいい。
　　………………………… フェアトレードはもともと適正価格で取り引きすること⇒×
3．フェアトレードの品物は高かったら、買う意味がない。
　　………………………………………… キーセンテンス②と考え方が違う⇒×
4．フェアトレードの品物は高くても、買う意味がある。…… キーセンテンス②と一致⇒○

正解： 4

表現・語句

1）安く買ってしまい<u>がち</u>なんだけど、～
　・～がち＝～の状態になりやすい、～の傾向が強い（主に良くない傾向について使う）
　　例：妹は小学生のときに、体が弱く学校を休み<u>がち</u>だった。

2）途上国の生産者はいつまでも貧しい<u>まま</u>なんだよね。
　・～まま＝［同じ状態が変わらずに続く］
　　例：・パソコンを買ったが、全然使わないので、新しい<u>まま</u>だ。
　　　　・10年ぶりに故郷を訪れたが、街は昔の<u>まま</u>だった。

3）私たちが安いコーヒーを飲んでる<u>一方で</u>、低賃金で貧困に苦しんでる途上国の労働者がいる～
　・一方で＝［あることについて二つの面を対比する］
　　例：良い教師は学生を厳しくしかる<u>一方で</u>、しっかりほめることも忘れない。

内容理解

17番 これからの英語

先生が、授業で、英語について話しています。この先生は、これからの英語学習にとって**一番重要なことは何**だと言っていますか。

← 聞き取る課題

　現在、世界の英語人口の約7割が非ネイティブスピーカー、つまり英語を母語としない人で、その数は今後も増え続けると予想されています。これからの英語は、この傾向に対応する形に変化していくでしょう。これまではネイティブの語彙や発音、文法に追いつくことが重要でした。しかし、非ネイティブ同士のコミュニケーションであれば、完璧な英語は必要ではありません。お互いの意思を伝えるための実践的な道具になればいいのです。もちろん、英語の教師や研究者になるなら話は別です。今以上にネイティブレベルの高い英語力が必要になるでしょう。

←キーセンテンス①

この傾向＝非ネイティブスピーカーが増え続ける傾向

＊これまでの英語学習
←キーセンテンス②

⇩

ここがポイント❗

これまでの英語：ネイティブの語彙や発音、文法に追いつくことが重要。
これからの英語：非ネイティブスピーカーが増え続けることに対応する形に変化していく。（キーセンテンス①）
　　　　　　　　↓
キーセンテンス②：非ネイティブ同士のコミュニケーションであれば、
　　　　　　　　お互いの意思を伝えるための実践的な道具になればいい。

17番

正解へのアプローチ✏️

この先生は、これからの英語学習にとって一番重要なことは何だと言っていますか。

1. 正確な発音や文法を習得すること……………………………… これまでの英語のこと⇒×
2. コミュニケーション力をつけること………………………… キーセンテンス②と一致⇒○
3. 英語力の高い教師や研究者を育てること…… 教師や研究者を育てる話はしていない⇒×
4. ネイティブレベルの高い英語力を身につけること
　………………………………… これが必要なのは、英語教師や研究者になる人だけ⇒×

正解： 2

表現・語句

1）現在、世界の英語人口の約<u>7割</u>が非 ネイティブスピーカー、つまり英語を母語としない人で、その数は今後も増え続けると予想されています。
　・7割＝70％
　・ネイティブスピーカー＝その言葉を母語とする人
　・非ネイティブスピーカー＝その言葉を母語としない人
　・非〜＝〜ではない［名詞の前について、否定を表す］
　　例：日常⇔<u>非</u>日常、科学的⇔<u>非</u>科学的、公式⇔<u>非</u>公式、常識⇔<u>非</u>常識

2）英語の教師や研究者になるなら<u>話は別</u>です。
　・話は別だ＝同じ話ではない、同じように考えることはできない
　　例：Aさんはとてもいい人だと思う。が、自分の結婚相手となると、<u>話は別だ</u>。
　　　（結婚相手として「いい」と考えることはできない。簡単に「いい」とは言えない）

内容理解

18番 言葉の本質

先生が、言語学の授業で、言葉について話しています。
この先生は、**言葉の本質は何**だと言っていますか。　　← 聞き取る課題

　言葉は情報を伝えるための道具である、と思っている人　　＊一般的な考え
が多いと思います。または、人間関係を円滑にするための
道具である、と。しかし、言葉の本質はもっと別のところ　　しかし＝以降、先生の考
にあるのではないでしょうか。たとえば、もし「ひざ」と　　え⇒言葉の本質は別のと
いう言葉を知らなかったら、その人は永遠に「ひざ」を**認**　　ころにある
識できません。たとえ目で見ていても、言葉がないために
「脚」という漠然としたとらえ方で終わってしまい、その　　☆ここに注目：認識
部分を「ひざ」という独立したものとして**認識**できないの
です。つまり、言葉がなければ世界は**認識**できない。逆に　　←キーセンテンス
言えば、言葉を多く獲得すればするほど、世界を細やかに
見られると言えるのではないでしょうか。

ここがポイント ❗

どこからが、この先生の考えか？
一般的な考え…言葉は情報を伝える、人間関係を円滑にする。
↓
キーセンテンス：この先生の考え…言葉がなければ世界は認識できない。

18番

正解へのアプローチ ✎

この先生は、言葉の本質は何だと言っていますか。

1. 言葉は情報を伝えるための道具である。……………………… 一般的な考え⇒×
2. 言葉は人間関係を円滑にするための道具である。………………… 一般的な考え⇒×
3. 言葉は世界を認識するための道具である。……………………… この先生の考え⇒○
4. 言葉は目の働きを助けるための道具である。………………… ここでは言っていない⇒×

正解：　3

表現・語句

1）別のところにある<u>のではないでしょうか</u>。
　＝別のところにあると思います。
　・〜のではないでしょうか＝〜と思います［自分の意見や考えを言うときに使う表現］
　　例：子どもがゲームばかりするのはよくない<u>のではないでしょうか</u>。

2）たとえば、もし「<u>ひざ</u>」という言葉を知らなかったら、〜
　・体の部位を表す言葉
　　脚の部位：ひざ、もも、ふくらはぎ、くるぶし、かかと、足首、指、爪（つめ）、など
　　腕の部位：ひじ、うで、手のひら、手の甲、手首、など
　＊自分でも調べてみましょう。

一言アドバイス ✓

　先生が講義するスタイルの問題では、一般的な考えと先生独自の考えの二つが出てくることがあります。はじめに設問をよく聞いて、どちらの考えについて答える問題なのか、きちんと把握しておきましょう。

内容理解

19番　フードデザート

専門家が、講演会で、フードデザートについて話しています。この専門家は、フードデザートの**最大の問題点は何**だと言っていますか。　　←聞き取る課題

　フードデザートというのは、生鮮食料品の入手困難な地域のことです。このような地域は、高齢化の進んだ過疎地や、最近では都市部でも見られることがあります。　　＊フードデザートとは何か

　この地域で、まず指摘されるのは、買い物の不便さです。近年、郊外型の大型スーパーが増加していますが、それに伴って地域商店街の空洞化が起こっています。店があっても閉まっている、いわゆるシャッター商店街ですね。ここで問題なのは、高齢化の進んだ地域では、車の運転ができないために郊外の店舗に行くことができない人が多いことです。近隣の品揃えの悪い店で加工品などを買わざるを得ない高齢者が増加し、問題化しています。　　＊この地域の問題点とその理由①　　←キーセンテンス①

　しかし、さらに深刻なのは、それによる健康状態の悪化なんです。簡単に生鮮食料品が手に入らず、加工食品中心の食生活となることで、栄養不足や偏りを招いているんですね。その結果、感染症への抵抗力の低下や老化の促進などが起こり、自立した生活を阻む危険性が高まっているんです。　　←キーセンテンス②　　＊この地域の問題点とその理由②

⇩

ここがポイント❗

キーセンテンス①：近隣の品揃えの悪い店で加工品などを買わざるを得ない高齢者が増加。
キーセンテンス②：キーセンテンス①の問題により、健康状態が悪化。
　　　　　　　　↓
　　　どちらのほうが大変な問題点か？

19番

正解へのアプローチ ✏️

この専門家は、フードデザートの最大の問題は何だと言っていますか。

1．郊外に大型スーパーが増えたこと
2．車の運転ができない高齢者が多いこと 　………………… 最大の問題ではない⇒×
3．住民の高齢化が進んでいること
4．住民の健康被害が起こっていること
　　………………………………………… キーセンテンス②：問題点とその理由②に注目⇒○

正解： 4

表現・語句

1) 最近では都市部でも<u>見られる</u>ことがあります。
　　この地域で、まず<u>指摘される</u>のは、買い物の不便さです。
　・～れる・られる＝［受身の文型］
　　例：この製品の原料は、海外から<u>輸入されて</u>います。

2) 加工品などを買わ<u>ざるを得ない</u>高齢者が増加し、～
　・～ざるを得ない＝～したくないが…しなければならない
　　例：体調が悪いが、今日が締め切りの仕事なので、<u>せざるを得ない</u>。

3) しかし、<u>さらに</u>深刻なのは、それによる健康状態の悪化なんです。
　・さらに＝［それまでより程度が高いことを表す］
　　例：昨年の夏は暑さが厳しかったが、今年の夏は<u>さらに</u>厳しくなるらしい。

4) 簡単に生鮮食料品が<u>手に入らず</u>、加工食品中心の食生活となることで～
　・手に入る＝自分の所有物となる
　　例：昔からほしかったピカソの絵が、オークションでようやく<u>手に入った</u>。

一言アドバイス ✓

　一つの話の中に、「手に入る」と「入手」のように、同じ意味の物や事柄が、別の表現で出てくることがあります。その言葉が何のことを言っているのか、意味を考えながら聞くようにしましょう。

内容理解

20番 コンビニの照明

先生が、コンビニの照明について話しています。この先生は、コンビニの照明に**虫が集まらないのは、どうして**だと言っていますか。　← 聞き取る課題

　部屋の電気をつけたまま窓を開けていると、たくさん虫が入って来たりしますが、深夜まで明るい電気がついているコンビニの窓ガラスに虫がたかっているのを見たことがありません。これは、コンビニの店内で使われている蛍光灯に虫が集まらないように、特殊なフィルターが取り付けられているためです。昆虫は光に集まってくる「走行性」という習性を持っています。コンビニ店内の蛍光灯には、昆虫が感知できる範囲の光をカットする「**紫外線カットフィルター**」が取り付けられています。つまり、私たちにはコンビニの照明が眩(まぶ)しく見えても、虫には真っ暗にしか見えないのです。

←キーセンテンス
☆ここに注目：昆虫が感知できる光を取り除くフィルター

⬇

ここがポイント！

「紫外線カットフィルター」とは？
蛍光灯に取り付けることで、昆虫が感知できる光を取り除くもの
↓
キーセンテンス：昆虫には店内の光が明るく見えないので、集まってこない。

20番

正解へのアプローチ ✏️

この先生は、コンビニの照明に虫が集まらないのは、どうしてだと言っていますか。

1．虫は蛍光灯の光に集まる習性がないから……………………………… **この習性がある⇒×**
2．コンビニの窓ガラスが光を全部カットするから
　　……………………………… **カットするのは「窓ガラス」ではなく「フィルター」⇒×**
3．虫にはコンビニの照明が明るすぎるから………………… **このような話はしていない⇒×**
4．コンビニの蛍光灯に紫外線をカットするフィルターが付いているから
　　…………………………………………………………………… **キーセンテンスと一致⇒○**

正解： 4

表現・語句

1）虫が<u>たかっている</u>
　・たかる＝虫などが群がる
　　例：子どもが食べこぼしたお菓子にハエが<u>たかっている</u>。

2）フィルターが<u>取り付けられている</u>
　・取り付ける＝器械・器具などを装置する
　　例：学生寮の各部屋にはエアコンが<u>取り付けられている</u>。

3）光を<u>カットする</u>
　・カットする＝一部を取り除く
　　例：不景気で社員のボーナスが<u>カット</u>された。

内容理解

21番　運動神経の遺伝

先生が運動神経の遺伝について話しています。<u>この先生の話の**内容と合っているのはどれ**ですか。</u>　　← 聞き取る課題

　皆さんの中に、自分の運動神経が悪いのは親の運動神経が悪いからだと考えている人はいませんか。運動神経の良い悪いは遺伝するのでしょうか。親が特に運動神経が良くなくても、有能なスポーツ選手はいますし、その逆もあります。このことから考えると、<u>遺伝とはあまり関係がないように思えます。</u>私たちが手や足を動かす動作は、大脳から出された指令が、手足に送られることによって行われます。<u>この指令をすばやく伝えられる人が、すなわち運動神経が良い人ということになります。運動神経は練習を続けることで、さらに速く体を動かすことを可能にします。</u>ですから、スポーツ選手は毎日トレーニングをして、自分のスキルを磨いているのです。

←キーセンテンス①
この＝手足を動かす大脳からの
←キーセンテンス②
←キーセンテンス③

⇩

ここがポイント❗

先生の話には、ポイントが三つある。
⇩
キーセンテンス①：運動神経の良い、悪いは、遺伝とは関係ない。
キーセンテンス②：大脳からの指令を手足にすばやく伝えられる人＝運動神経が良い人
キーセンテンス③：練習することで、運動神経は良くなる！

21番

正解へのアプローチ ✏️

この先生の話の内容と合っているのはどれですか。

1. 有能なスポーツ選手の子どもが運動神経が良いとはかぎらない。
　……………………………………………………………………… キーセンテンス①と一致⇒○
2. 有能なスポーツ選手の親は運動神経が悪いことが多い。…… 多いとは言っていない⇒×
3. 練習しても運動神経は良くならない。………………………………………… 可能だ⇒×
4. 毎日トレーニングする人が運動神経の良い人だ。
　………………………… 脳からの指令をすばやく伝えられる人が運動神経の良い人⇒×

正解： 1

表現・語句

この指令をすばやく伝えられる人が、すなわち運動神経が良い人ということになります。

・すばやい＝とても速い
　例：急な事態の変化に、彼がすばやく対応したおかげで、結果的に大勢の人の命が救われた。

・すなわち＝言い換えれば
　例：未成年者すなわち20歳未満の者は、法律で喫煙を禁じられている。

内容理解

22番 都市鉱山

教授が都市鉱山について話しています。この教授は、どうして今、都市鉱山が注目されていると言っていますか。

←聞き取る課題

　今日は、最近ニュースなどでも取り上げられることが多くなった**レアメタル**についてお話ししたいと思います。レアメタルというのは皆さんもご存じのように、自動車やIT機器など、日本が誇る技術製品の製造に必要な希少金属のことです。つまりあまり採れないんですよね。皆さんは、このレアメタルが日本でどのくらい採れると思いますか。江戸時代、日本は世界一の銀や銅の産出国でした。しかし、現在では掘り尽くされてしまっています。輸入すればいいじゃないかと思う人もいるかもしれませんが、輸入先の国に問題が起こったり、日本との関係に問題が生じたりして輸入できなくなったら、ということを考えると、輸入ばかりに頼るわけにはいきません。そこで、今注目されているのが、都市鉱山です。都市鉱山というのは、都市でゴミとして廃棄された大量の電化製品や自動車などのことで、その中にはリサイクルできるたくさんの貴重な金属が含まれています。特に注目されているのが携帯電話で、なんと携帯電話には20種類以上の金属が使われているのです。

☆ここに注目：「レアメタル」とは？

←キーセンテンス①

←キーセンテンス②
←キーセンテンス③
＊都市鉱山とは？

ここがポイント❗

「レアメタル」は、キーセンテンス①：現在では掘り尽くされてしまった。
　　　　　　　キーセンテンス②：輸入ばかりに頼れない。
　　　　　　　↓
キーセンテンス③：都市鉱山には、リサイクルできるたくさんの貴重な金属が含まれている。

22番

正解へのアプローチ ✏️

この教授は、どうして今、都市鉱山が注目されていると言っていますか。

1. 都市鉱山で自動車や電気製品をリサイクルしているから
   ……………………………… 都市鉱山で何かをリサイクルしているのではない⇒×
2. レアメタルの輸入が全くできなくなったから
   ……………………………… 全く輸入できなくなったとは言っていない⇒×
3. 都市鉱山にはリサイクルできるレアメタルが含まれているから
   ……………………………………………………… キーセンテンス③と一致⇒○
4. 都市鉱山には20種類以上の携帯電話があるから
   ……………………… 携帯電話ではなく、携帯電話の中に金属が20種類以上ある⇒×

正解： 3

表現・語句

1) ＩＴ機器など、日本が<u>誇る</u>技術製品の製造に必要な<u>希少</u>金属のことです。
   ・誇る＝自慢する、名誉に思う
   ・希少＝少なくて珍しい

2) しかし、現在では<u>掘り尽くされて</u>しまっています。
   ・〜尽くす＝すっかり〜してしまう
   　例：・火が山を<u>焼き尽くした</u>。
   　　　・夏物衣料を<u>売り尽くす</u>ためにバーゲンセールを行う。

3) 日本との関係に問題が<u>生じたり</u>して輸入できなくなったら、ということを考えると、輸入<u>ばかり</u>に<u>頼るわけにはいきません</u>。
   ・生じる＝発生する、起こる
   ・ばかり＝だけ
   ・頼る＝依存する
   ・〜わけにはいかない＝〜はできない、〜は許されない
   　例：・頭が痛いが、大切なテストがあるので学校を休む<u>わけにはいかない</u>。
   　　　・監督の命令だから、苦しくてもしない<u>わけにはいかない</u>。

内容理解

23番　エコノミークラス症候群

医者が、講演会でエコノミークラス症候群について話しています。<u>この医者は、エコノミークラス症候群について**何と**言っていますか。</u>　　　← 聞き取る課題

　飛行機のエコノミークラスのような狭い座席に長時間脚を動かさないで座っていると、太ももの奥にある静脈に血の固まりができる場合があります。この固まりの一部が血管を通って肺に達し、肺の血管を詰まらせると、<u>呼吸困難や心肺停止などを引き起こす可能性があります</u>。通称エコノミークラス症候群と呼ばれていますが、<u>バスや列車、比較的広い座席のビジネスクラスでも発症する例があるので注意が必要です</u>。特に長時間座る飛行機の中では、ゆったりとした服装で過ごす、適度な水分を取る、アルコールは控えめにする、着席中でも積極的に脚の運動を行うなど、予防を心がけてください。

＊原因と症状

←キーセンテンス①

←キーセンテンス②

＊予防策

⇩

ここがポイント ❗

エコノミークラス症候群について、原因、症状、予防策を述べている。
・原　因：長時間脚を動かさないで座っている
・症　状：キーセンテンス①
・予防策：キーセンテンス②＋ゆったりとした服装、適度な水分、アルコールは控えめ、脚の運動

正解へのアプローチ ✏️

この医者は、エコノミークラス症候群について何と言っていますか。

1．飛行機以外の乗り物でも起こる可能性がある。………… キーセンテンス②と一致⇒○
2．狭い場所に長時間立っているとなりやすい。
　………………………………………………… 立っているのではなく座っているとなる⇒×
3．予防のために、水は飲まないほうがいい。………… 適度な水分を取ることが必要⇒×
4．座席では、なるべく動かず、静かに座っているほうがなりにくい。
　………………………………………………………… 脚の運動を行うことが予防になる⇒×

正解： 1

表現・語句

アルコールは控えめにする
・控えめ＝「控える（動詞）＋め」で、いつもより少なめにすること
・形容詞＋め（細め、少なめ、長め、など）［程度や傾向を表す］
　例：帰りにお土産を買うから大きめのかばんを持って行ったほうがいいよ。

一言アドバイス ✓

　この話のテーマになっている症状は、通称「エコノミークラス症候群」としてよく知られていますが、「ロングフライト血栓症」「旅行血栓症」などとも呼ばれています。

内容理解

24番　土木工学

男子学生が女子学生に土木工学について話しています。この女子学生は、土木の仕事の**どんなところが魅力的**だと言っていますか。　　　← 聞き取る課題

男子学生：先輩は、土木工学科ですよね。
女子学生：うん、そうだけど。
男子学生：土木工学ってどんな仕事をするんですか。
女子学生：うーん、たとえば、地震や台風なんかの災害に強い街をつくる計画を立てたり、ダムをつくって溜めた水を飲み水として供給したり。あとはインフラストラクチャーって言って、私たちの生活の基盤になってる道路とか水道とかをつくるっていう、結構大きな事業に携わってるんだ。
男子学生：へぇー、何だか<u>きつそう</u>ですけど、女性でもそういう仕事に就く人がいるんですか。　　　きつい＝苦痛なほど厳しい
女子学生：もちろんよ。昔は女子は<u>敬遠されて</u>たけどね。今は増えてきてるのよ。　　　敬遠される＝いやがられる
男子学生：そうなんですか。それで、先輩はどんなところに就職したいんですか。
女子学生：うーん、やっぱり<u>ゼネコン</u>に就職して、インフラつくりたいなあ。　　　ゼネコン＝大手建設業者
男子学生：えっ？
女子学生：だから、大手の建設業者に入って、たとえば橋をつくるとかね。これは、<u>たくさんの人の力を合わせなきゃ絶対できない大事業だし、何よりもそれが人々の生活を支える大切な部分になってるってとこに惹かれる</u>んだよね。　　　←キーセンテンス

惹かれる→心を惹かれる＝魅力を感じる

男子学生：なんか、すっごくかっこいいですね。
女子学生：でしょ。まあ、夢が実現すればの話だけどね。

⇩

ここがポイント❗

キーセンテンス：女子学生が惹かれる（＝魅力的）と言っているのは？

正解へのアプローチ ✏️

この女子学生は、土木の仕事のどんなところが魅力的だと言っていますか。

1. 社会から敬遠される仕事ができるところ
    …「敬遠」されていたのは仕事ではない。かつて女性が建設業界から敬遠されていた⇒×
2. インフラを一人でつくれるところ……………… インフラ整備は大勢の力でする仕事⇒×
3. 職場でたくさんの人に指示を出せるところ………「指示を出したい」という話はない⇒×
4. 人の生活を支える仕事ができるところ………………………… キーセンテンスと一致⇒○

正解： 4

表現・語句

何よりもそれが人々の生活を支える大切な部分になってるってとこに惹（ひ）かれるんだよね。
- 何より＝ほかのどんなものより一番に
    例：子どもが今無事でいるかどうかが、何より心配だ。

一言アドバイス ✓

「強い」にはいろいろな使い方があります。
- あんなに強い力士はここ何年も見たことがない。
    （勝負ごとなどで、相手の能力や程度を超えている）
- 地震や台風などの災害に強い街をつくる計画を立てる。
    （[〜に強い]〜の作用に対して耐える力がある）
- 私は、どんなことがあっても絶対にあきらめないという強い意志を持って、留学した。
    （何かに耐える力が大きい）
- これ、50度ですか。ずいぶん強いお酒ですね。（数量的な度合いが大きい）
- 橋本さんは機械に強いから、何かわからないことがあったら聞いてみるといいよ。
    （[〜に強い]〜について優れた力を持っている）

内容理解

25番 スポーツ選手に対する言語教育

言語学の教授が話しています。<u>この教授は、**なぜスポーツ選手に言語教育が必要**だと言っていますか。</u>	← 聞き取る課題

　言語力とは、思考の道具と言われる「言葉」を操り、論理的に考えて、それを第三者に伝える力のことで、欧米では学力を測る「ものさし」として広く使われています。しかし、日本ではこの言語力が低下し、面接できちんと話ができないとか、論理的な文が書けないといった事態が起こっています。それはスポーツの世界にも及んでいて、数年前から、日本サッカー協会では、将来の日本代表を目指す中高生を対象に、自分の考えを論理立てて説明する訓練を始めました。<u>選手にとって一番怖いのは、何も考えず、判断せずにプレーする習慣をつけてしまうことです。そうならないために</u>、自分の意思を言葉によって相手に伝えることを意識的にやらせようと考えたのです。このように<u>言語力を強化することによって、選手間の意思の疎通だけでなく、プレーの質も上がると考えられます</u>。根拠を突き詰めながら議論し、どんなことでも自分の考えを簡潔に、わかりやすく説明する訓練を通じて、選手の意識革命を進めているというわけです。

←キーセンテンス①

そうならないために＝自分で考えてプレーできるように

←キーセンテンス②

⬇

ここがポイント ❗

言語教育にはどんな目的があり、どんな結果が望めるのかを考える。
キーセンテンス①：自分で考えてプレーできるようにすることが目的
キーセンテンス②：選手間の意思の疎通だけでなく、プレーの質も上がるという結果が期待できる。

25番

正解へのアプローチ ✏️

この教授は、なぜスポーツ選手に言語教育が必要だと言っていますか。

1. 言語力の強化によって、何も考えなくてもプレーできるようになるから
   …………………………………………………… 何も考えないのは1番怖いこと⇒×
2. 言語力の強化によって、考えてプレーするようになり、プレーの質もよくなるから
   …………………………………………………… キーセンテンスと一致⇒○
3. 言語力の強化によって、監督と選手の意思の疎通がスムーズになるから
   …………………………………………………… それだけではない⇒×
4. 言語力の強化によって、欧米で活躍するチャンスが広がるから
   …………………………………………………… これについては何も言っていない⇒×

正解： 2

表現・語句

1) 欧米では学力を測る「ものさし」として広く使われています。
   ・ものさし＝物事を評価、判断するときの基準

2) それはスポーツの世界にも及んでいて、〜
   ・及ぶ＝影響が伝わって、あるところにまで届く、達する
      例：・今度の津波は、チリで起こった地震の影響が日本にも及んだ結果だ。
         ・堤防決壊による水害は隣村にも及んだ。

3) 言語力を強化することによって、選手間の意思の疎通だけでなく、プレーの質も上がると考えられます。
   ・〜によって＝〜で［手段、方法を表す］
      例：・インターネットやテレビの普及によって、私たちは家にいたまま世界中のニュースを知ることができる。
         ・運送方法を見直すことによって、少しでもコストを下げよう。
   ・AだけでなくBも＝Aだけではない。Bも
      例：・大学に入るためには日本語だけでなく、英語も勉強しなければならない。
         ・彼女の結婚は、スポーツ紙だけでなく一般紙でも大きく扱われていた。

ポイント理解

1番　奨学金の申し込み方 [CD1-27]

男子学生が学生部の職員と話しています。この男子学生は、奨学金の申し込みをするために、これからどうすればいいですか。　　←聞き取る課題

学生：奨学金の申し込みをしたいんですが。
職員：申し込み書を見せてください。
学生：はい。
職員：えーと、あ、学籍番号が抜けていますね。　　＊学籍番号は、その場ですぐ記入した
学生：あ、すみません。……98007359……と。えーと、この収入状況というのはどうしたらいいですか。
職員：ああ、そこには、もしアルバイトをしていたら、過去3カ月の平均収入を記入してください。　　←キーセンテンス①
　　　☆ここに注目：これから記入する項目
学生：わかりました。3カ月分ですね。じゃ、調べなきゃ。
　　　そこ＝収入状況を書くところ
職員：外国人登録証明書と成績証明書も持って来ましたか。
学生：はい。
職員：じゃ、書類は揃っているようですね。　　←キーセンテンス②
学生：はい。じゃ、ここだけ書いてまた来ます。　　ここ：平均収入を書くところ

ここがポイント❗

キーセンテンス①：平均収入を記入する必要があるが、調べなければならない。
キーセンテンス②：書類に問題はないが、書いて来なければいけないところがある。
↓
書類は全部あるので、収入状況だけを記入すればいい。

1番

正解へのアプローチ ✏️

この男子学生は、奨学金の申し込みをするために、これからどうすればいいですか。

1．学籍番号を書く。………………………………… その場で書き込んだ⇒×
2．外国人登録証明書を持って来る。…………… 書類は揃っているので不足はない⇒×
3．成績証明書を持って来る。…………………… 書類は揃っているので不足はない⇒×
4．収入状況を書く。………………………………… キーセンテンスと一致⇒○

正解： 4

表現・語句

1）学籍番号が<u>抜けて</u>いますね。
 ・抜ける＝なければならないものがない、欠ける
  例：・主語が<u>抜けて</u>いるので、誰のことなのかわからない。
   ・新しい本を買ったが2ページ<u>抜けていた</u>ので、本屋に持っていった。

2）じゃ、調べ<u>なきゃ</u>。
 ・〜なきゃ［インフォーマルな会話表現］＝なければならない

3）書類は<u>揃って</u>いるようですね。
 ・揃う＝必要なものが全部ある。集まる。
  例：・全員<u>揃ったら</u>出発しましょう。
   ・あと一つでこのシリーズのフィギュアが全部<u>揃う</u>。

一言アドバイス ✓

インフォーマルな会話は省略形が多いので、何度も聞いて慣れましょう。この問題集にも「親しい人同士の対話」の問題が複数あります。よく聞いて練習してください。

＊会話に出てくる省略表現

　・〜なければ（ならない）　→　〜なきゃ　　例：行か<u>なきゃ</u>／見<u>なきゃ</u>
　・〜くては（いけない）　　→　〜くちゃ　　例：買わな<u>くちゃ</u>／しな<u>くちゃ</u>
　・〜てしまう　→　〜ちゃう／〜じゃう　　　例：食べ<u>ちゃう</u>／飲ん<u>じゃう</u>

ポイント理解

2番　紅葉（こうよう） 〔CD1-28〕

先生が、植物学の授業で、紅葉について話しています。この先生は、<u>美しく紅葉する**最も大切な条件は何**</u>だと言っていますか。　　　　← 聞き取る課題

　毎年秋から冬にかけて、さまざまな木が紅葉して、私たちの目を楽しませてくれます。しかし、この紅葉も、赤や黄色の色合いがすばらしい年もあれば色づきの悪い年もあり、また同じ種類の木でも紅葉の進みが早いものと遅いものとがあります。実は、紅葉が美しくなるためには、**気温、太陽の光、水分**という三つのポイントがあるんですね。<u>特に重要なのが気温です。昼と夜の気温の差が大きければ大きいほど紅葉は美しくなります。</u>また、<u>日照時間が長く日の光をたっぷり浴びること、空気や土が乾燥していることも重要な条件です。</u>ですから、雨が降り続く湿った秋には、あまり鮮やかな紅葉は期待できないことになります。

☆ここに注目：三つのポイント

←キーセンテンス①

←キーセンテンス②

⇩

ここがポイント❗

美しく紅葉するための三つのポイントを挙げている。
キーセンテンス①：気温……昼と夜の気温の差が大きいこと
キーセンテンス②：太陽の光……日照時間が長く、日の光をたっぷり浴びること
　　　　　　　　　水分……空気や土が乾燥していること
↓
三つのポイントの中で特に重要だと言っているのは？

2番

正解へのアプローチ ✏️

この先生は、美しく紅葉する最も大切な条件は何だと言っていますか。

1．昼と夜の気温の差が激しいこと……………………………… キーセンテンス①と一致⇒○
2．日当たりがいいこと……………… 三つのポイントの一つだが特に重要ではない⇒×
3．空気や土が乾いていること…………… 三つのポイントの一つだが特に重要ではない⇒×
4．雨がたくさん降ること………………………… 乾燥していることが重要だと言っている⇒×

正解： 1

表現・語句

気温の差が大きければ大きいほど紅葉は美しくなります。

・〜ば…ほど＝［一方の変化の程度に応じて、他方も変化する］

　例：発音は、練習すれば（練習）するほど上手になります。

一言アドバイス ✓

「最も〜は何（どれ）ですか」のようなタイプの問題では、いくつか出てくる条件の中で、「最も」「一番〜」「特に」などと言っているところを聞き逃さないように気をつけましょう。

ポイント理解

3番　ウォーキングの目的

女子学生が先輩の男子留学生と話しています。この男子留学生が、ウォーキングをしている理由は何ですか。　　←聞き取る課題

女子学生：先輩、最近ウォーキング始めたそうですね。
男子学生：そうそう。日本に来てからちょっと太り気味だし。
女子学生：ダイエットですか。　　　　　　　　　　　　　＊ダイエットが理由ではない
男子学生：て、言うか……。
女子学生：何ですか。
男子学生：実は、いつもウォーキングしてる川の土手に散歩で来てるかわいい子がいるんだよ。　　←キーセンテンス①
☆ここに注目：かわいい子＝女の子？
女子学生：声はかけたんですか。
男子学生：うん、かけたよ。
女子学生：へえ、先輩って意外と積極的なんですね。で、どんな子なんですか。
男子学生：それが、長い茶色い毛が少しカールしてて、大きな黒い目がクリクリしてて、ほんとにかわいいんだ。
女子学生：へえ。
男子学生：体は細身なんだけど、かなり大きくて、ぼくの腰ぐらいまであるかな。　　＊人間ではない？
女子学生：腰ぐらい？
男子学生：うん。日本ではあんまり見ない種類だけど、昔飼ってた犬と似てるんだよ。　　←キーセンテンス②
☆ここに注目：飼ってた犬
女子学生：え？　ああ、そっちですか。
そっち＝犬

⇩

ここがポイント❗

キーセンテンス①：川の土手に散歩で来てるかわいい子がいる。
キーセンテンス②：昔飼ってた犬と似てる。
↓
ウォーキングをしている理由は、女子学生の言う「そっち」が土手に散歩に来るから。

3番

正解へのアプローチ ✏️

この男子留学生が、ウォーキングをしている理由は何ですか。
1．日本で太ってしまったから……………………… はっきり肯定はしていない⇒×
2．犬の散歩が好きだから…………………………… 男子学生は犬の散歩はしていない⇒×
3．かわいい女の子に会えるから…………………… 女の子ではなく犬が目的⇒×
4．かわいい犬に会えるから………………………… キーセンテンスと一致⇒○

正解： 4

表現・語句

1) 先輩、最近<u>ウォーキング</u>始めたそうですね。
　・ウォーキング＝健康や娯楽のために歩くこと

2) 日本に来てからちょっと<u>太り気味</u>だし。
　・〜気味＝［そういう様子だ、そういう傾向にある］
　　例：・ゆうべから<u>風邪気味</u>で、ちょっと頭が痛い。
　　　　・天候不順で、ビルの建設が予定より<u>遅れ気味</u>になっている。

3) いつもウォーキングしてる川の<u>土手</u>に〜
　・土手＝土を盛って高くした堤、堤防

4) <u>声はかけた</u>んですか。
　・声をかける＝話しかける

5) 大きな黒い目が<u>クリクリして</u>
　・クリクリする＝丸くてかわいらしい様子

6) 体は<u>細身</u>なんだけど、かなり大きくて、〜
　・細身＝ほっそりしている

ポイント理解

🎧 4番 自己修復材料

先生が、自己修復材料について話しています。<u>この先生は、新材料が**実用化されると、どうなる**と言っていますか</u>。　　← 聞き取る課題

　動物や植物は、傷ができても時間がたてば治りますよね。受けた傷が回復する、これは私たち生き物の特長ですが、このすばらしい性質を持ったものを何とか人工的に作り出そう、という自己修復材料の研究が本格化しています。数年前には、自分でひび割れを埋めることができるコンクリートや、切れても何度もつながるゴムが開発されました。今後、このような自己修復能力のある材料の**実用化が進めば**、<u>自動車のすり傷、トンネルや山間部の道路の補修など、さまざまなところで利用され</u>、ちょっとした傷で廃棄してしまうような<u>資源の無駄使いを減らすことができるようになる</u>でしょう。

＊「自己修復材料」とは？

☆ここに注目：以下が実用化の具体例

←キーセンテンス①

←キーセンテンス②

⬇

ここがポイント❗

キーセンテンス①：さまざまなところで利用される。
キーセンテンス②：資源の無駄使いを減らす。
↓
今後、このような自己修復能力のある材料の実用化が進めば、さまざまなところで利用され、資源の無駄使いを減らすことができるようになる。

4番

正解へのアプローチ ✏️

この先生は、新材料が実用化されると、どうなると言っていますか。

1．動物や植物の傷の回復が早くなる。………………　動植物の傷が回復する話ではない⇒×
2．動物や植物が人工的に作り出せるようになる。
　　………………………　人工的に作り出すのは動植物ではなく、自己修復能力のある材料⇒×
3．傷のある物が材料として利用されるようになる。
　　……………………………………………　傷のある物ではなく、傷を修復できる材料⇒×
4．資源の無駄使いを減らせるようになる。………………　キーセンテンス②と一致⇒○

正解：　4

表現・語句

1）これは私たち生き物の<u>特長</u>ですが、～
　・特長＝ほかと比べて、特に優れている点
　＊特徴＝ほかと比べて、特に目立っている点（良い、悪いは関係ない）

2）<u>ちょっとした</u>傷で廃棄してしまう～
　・ちょっとした＝わずかの、少しの

3）資源の<u>無駄使い</u>を減らすことができるようになるでしょう。
　・無駄使い＝必要もないことにお金や物を使うこと
　　例：誰も通らない山の中に国道を作るなんて、税金の<u>無駄使い</u>だ。

一言アドバイス ✓

　この先生の話は「動物や植物は……」から始まりますが、この話のポイントは動植物そのものではありません。どんな話題でも、最初の言葉が必ず話題の中心であるとは限らないので、よく注意して聞きましょう。

ポイント理解

5番 美術鑑賞の方法

女子学生と男子学生が美術鑑賞の方法について話しています。<u>この女子学生が、**一番驚いたことは何ですか**</u>。	← 聞き取る課題
女子学生：ねえ、昨日**びっくりしたこと**があったんだ。	
男子学生：へえ〜？　何？	☆ここに注目：これから驚いたことを話す
女子学生：美術館へ行ったんだけど、子どもたちがうるさくてね。それに、床に寝転がって見ている子なんかもいてね。	＊驚いたこと①：子どものマナーの悪さ
男子学生：ずいぶんマナーが悪いね。大人(おとな)はいなかったの？	
女子学生：先生や学芸員がちゃんといるのに、にこにこして見てるだけ。	
男子学生：先生が何も注意しないなんて、驚きだね。	＊驚いたこと②：先生が注意しないこと
女子学生：そうでしょう？　ところがね、<u>これ対話型の鑑賞会っていう新しい試みなんだって。</u>	←キーセンテンス①：驚いたこと③
男子学生：ああ、そう言われてみれば聞いたことがあるよ。絵を見て感じたことを話し合いながら、自由に鑑賞するっていうやつでしょ。アメリカで始まった鑑賞方法らしいね。	＊驚いたこと④：男子学生がこの鑑賞法を知っていたこと
女子学生：えっ！　知ってたの？　美術に興味なんてないと思ってたのに、びっくりね！　**それにしても**、<u>あんな絵の見方があるなんてねえ。全然知らなかったよ。</u>	☆ここに注目：「それにしても」と言って話を戻している ←キーセンテンス②

⇩

ここがポイント❗

驚いたことを4点挙げているが、繰り返し出てくることは？
キーセンテンス①：これが新しい鑑賞法だったこと
キーセンテンス②：最後に「美術鑑賞の仕方についての驚き」に話を戻している⇒気になっている

↓

一番驚いたことは？

5番

正解へのアプローチ ✏️

この女子学生が、一番驚いたことは何ですか。

1．子どもたちのマナーが悪かったこと……………………… 一番驚いたことではない⇒✕
2．先生が子どもたちに何も注意をしなかったこと
　……………………………………………………………… 一番驚いたことではない⇒✕
3．子どもたちが自由に話していたのが新しい鑑賞法だったこと
　……………………………………………………………………… キーセンテンスと一致⇒○
4．男子学生が対話型の鑑賞会について知っていたこと……… 一番驚いたことではない⇒✕

正解： 3

表現・語句

1）びっくりしたことがあったんだ。
　・びっくりする＝驚く
　＊同じ意味や似た意味になる言葉
　　がっかりする＝残念だ　　　　　はらはらする＝心配だ、不安だ
　　ほっとする＝安心する　　　　　どきどきする＝緊張する、興奮する

2）にこにこして見てるだけ。
　・にこにこする＝ほほえんでいて、うれしそうな様子
　＊「笑う様子」を表す言葉
　　くすくす笑う＝隠れて、小さい声で笑う
　　げらげら笑う＝大声で笑う
　　にやにやする＝声に出さないで薄笑いをする

3）それにしても、あんな絵の見方があるなんてねえ。
　・それにしても＝それはそうだとしても
　　［前に述べたことを一応は認めつつ、現状では十分に理解できていないという
　　気持ちを表す］
　　例：A「田中さんがT大学に合格したそうですよ」
　　　　B「頑張って勉強していましたからねえ」
　　　　A「それにしてもすごいですね。T大学に合格するなんて」

ポイント理解

6番　ゼミの説明会

男子学生と大学職員が、ゼミの説明会について話しています。**この説明会が行われる教室はどこですか。**　← 聞き取る課題

男子学生：あのう、ゼミの説明会に出たいんですけど、教室はどこでしょうか。
大学職員：ゼミの説明会ですね。ええと……、2階の205教室ですよ。

＊説明会の場所は？
・2階205教室
・就職相談室の隣

男子学生：205っていうと、就職相談室の隣の大きい教室ですよね。
大学職員：就職相談室は先週3階に移りまして、今は面談室になっています。
男子学生：そうですか。あの部屋、面談室になったのか……。
大学職員：あっ、すみません。説明会は**場所が変更**になっていました。3階の305教室です。

☆ここに注目：場所が変更
←キーセンテンス①

男子学生：じゃ、やっぱり就職相談室の隣の……。
大学職員：いえ、隣はパソコンルームですよ。お間違えなく。

←キーセンテンス②

⬇

ここがポイント❗

途中で、説明会の教室が変更になっていることに注意！
・はじめ…「2階205教室」（面談室の隣）
　　　　　⬇
・変更後（キーセンテンス①②）…「3階305教室」（パソコンルームの隣）

正解へのアプローチ

この説明会が行われる教室はどこですか。

1. 2階の就職相談室の隣の教室 ……………………………………… 2階ではない⇒×
2. 2階の面談室の隣の教室 …………………………………………… 2階ではない⇒×
3. 3階の就職相談室の隣の教室 ……………………………………… キーセンテンス②⇒×
4. 3階のパソコンルームの隣の教室 ………………………………… キーセンテンス①②⇒○

正解： 4

表現・語句

1) 205っていうと、就職相談室の隣の大きい教室ですよね。

   ＊教室の名前

   大学には通常授業を行う教室のほかにも、いろいろな教室がある。

   （就職相談室、面談室、職員会議室など）

2) お間違えなく。

   ・お〜（動詞）なく＝〜ないように気をつけてください［案内などで使う表現］

   例：問合せ先はこちらです。お電話をおかけの際は、番号をお間違えなく。

一言アドバイス

話の途中で内容が変更になり、そこがきちんと聞けているかを問う問題です。教室の名前もたくさん出てくるので、混乱しないようにメモを取りながら、最後までしっかり聞きましょう。

ポイント理解

7番 本屋について

女子学生と男子学生が、大学の近くの本屋について話しています。この女子学生は、この本屋にどんな要望を持っていますか。　　← 聞き取る課題

女子学生：いけない、もうすぐ7時。本屋が閉まっちゃう！
男子学生：大学の近くの本屋でしょ？ あそこ**早い**よね。駅前の本屋へ行ったら？ 10時まで開いてるよ。　　☆ここに注目：何が早い？
女子学生：う〜ん……。でも、店員が親切だから、なるべくあそこで買いたいのよね。本のタイトルを言うと、すぐに探してくれるし。　　＊女子学生の意見　⇒店員が親切
男子学生：でもさ、種類が少なくない？ 駅前のほうが品揃えがいいよ。　　＊男子学生の意見　⇒種類が少ない
女子学生：確かにね。でも、注文すれば、すぐに取り寄せてくれるから。　　＊女子学生の意見　⇒すぐに取り寄せてくれるからいい
男子学生：ふうん。サービス重視ってわけだ。
女子学生：そう。だからね、<u>せめてあと1時間、延ばしてくれたらねえ</u>。　　←キーセンテンス

⇩

ここがポイント❗

男子学生はこの本屋の短所を挙げて、駅前の本屋を勧めているが、女子学生はこの本屋の長所を挙げている。

「店員が親切」
・すぐに探してくれる　　｝ サービスがいい
・すぐに取り寄せてくれる
↓
キーセンテンス：営業時間を延ばす＝これのみ女子学生の希望

正解へのアプローチ ✏️

この女子学生は、この本屋にどんな要望を持っていますか。

1. 営業時間を延ばしてほしい。……………………………… キーセンテンスと一致⇒◯
2. 本の種類を増やしてほしい。………………………「種類が少ない」は男子学生の意見⇒✕
3. サービスを良くしてほしい。……………………… 女子学生はサービスに満足している⇒✕
4. 注文した本をもっと早く取り寄せてほしい。… すぐに取り寄せてくれると言っている⇒✕

正解： 1

表現・語句

1) 本屋が閉まっ<u>ちゃう</u>。
   - 閉まっ<u>ちゃう</u>＝閉まっ<u>てしまう</u>
   - ～ちゃう（じゃう）［インフォーマルな会話表現］＝～てしまう ＊1番(p.87)参照
     例：・忘れ<u>ちゃう</u>からメモしておこう。＝忘れ<u>てしまう</u>からメモしておこう。
        ・財布を落とし<u>ちゃった</u>んだ。＝財布を落とし<u>てしまった</u>んだ。
        ・私のジュース、弟が飲ん<u>じゃった</u>の。
         ＝私のジュース、弟が飲ん<u>でしまった</u>の。

2) でもさ、種類が<u>少なくない</u>？
   - 少なくない？［インフォーマルな表現］＝私は少ないと思いますが、どうですか。
   ＊形容詞の否定形（インフォーマルな会話表現の場合）
   ＊最後のイントネーションの上がり下がりで意味が変わる。
     例：・少なくない ↓（最後が下がるイントネーション）
         ＝少なくありません
        ・少なくない ↑（最後が上がるイントネーション）
         ＝少ないと思いませんか？

3) <u>せめて</u>あと1時間延ばしてくれたらねえ。
   - せめて＝最低これぐらいは、十分ではないが少なくとも
     例：優勝は無理でも、<u>せめて</u>5位以内には入りたい。

ポイント理解

8番 アカウミガメの産卵

生物学の先生がウミガメについて話しています。<u>この先生は、アカウミガメは**どうして産卵中に涙を流す**と言っていますか</u>。	←聞き取る課題
えー、今日は日本でよく見られるアカウミガメについて話したいと思います。アカウミガメは、ほかのウミガメに比べて頭部が大きく頑丈なのが特徴です。これはアカウミガメが主に貝類や甲殻類(こうかくるい)などの動物性の固いものを食べているからと考えられています。アカウミガメは関東地方などでも産卵が確認され、ウミガメ類の中で最も北で産卵するカメとして知られています。ちなみに皆さんもテレビなどで、**ウミガメが産卵中に涙を流す**シーンを見たことがあるかもしれませんが、<u>あれは餌(えさ)を食べるときに飲み込んだ海水の余分な塩分を、目のところにある塩涙腺(えんるいせん)という器官から排出しているのです</u>。	＊アカウミガメの説明 ☆ここに注目：課題 ←キーセンテンス あれ＝アカウミガメが産卵中に涙を流すこと

⇩

ここがポイント❗

アカウミガメが産卵中に涙を流す理由を挙げているところは？
「ちなみに皆さんもテレビなどで」の前後で話の内容が変わっている。
前はアカウミガメの特徴などを説明。では、あとは？
↓
キーセンテンス：ここで理由を挙げている。

| 8番 |

正解へのアプローチ ✏️

この先生は、アカウミガメはどうして産卵中に涙を流すと言っていますか。

1．頭部が大きくて頑丈だから
2．貝類や甲殻類（こうかくるい）などを餌（えさ）として食べているから ……… これはアカウミガメの特徴⇒×
3．北の寒いところで産卵するから
4．体内の余分な塩分を排出しているから……………………… キーセンテンスと一致⇒○

正解： 4

表現・語句

1）アカウミガメは、ほかのウミガメに比べて頭部が大きく頑丈なのが特徴です。
　・頑丈（な）＝固くて丈夫

2）これはアカウミガメが主に貝類や甲殻類（こうかくるい）などの動物性の固いものを～
　・甲殻類（こうかくるい）＝カニ、エビの仲間

3）アカウミガメは関東地方などでも産卵が確認され、～
　・関東地方＝東京近郊の一都六県
　・産卵＝卵を産むこと

4）ウミガメが産卵中に涙を流すシーンを見たことがあるかもしれません～
　・シーン＝光景

5）海水の余分な塩分を、目のところにある塩涙腺（えんるいせん）という器官から排出しているのです。
　・余分（な）＝必要以上、多すぎること
　・塩分＝含まれている塩の量
　・器官＝体内のいろいろな機能を持つ場所
　　例：呼吸器官、消化器官など
　・排出する＝中にたまっている不必要なものを外に押し出す

ポイント理解

9番　就職と資格

女子学生が就職について先輩に相談をしています。この先輩は、女子学生にどんなアドバイスをしましたか。　←聞き取る課題

女子学生：先輩、就職するためには資格が何かないと厳しいですか？

先　　輩：そりゃ、ないよりはあったほうがいいのは間違いないよ。あって損するものでもないし、邪魔になるものでもないし。

女子学生：でも、今から資格取るなんて無理ですよ……。

先　　輩：うーん、その仕事がどうしてもやりたくて資格が必要なら、とりあえず、やる気のあるところだけでも見せなくちゃ。今はまだないですけど勉強中ですってね。　←キーセンテンス①

女子学生：やる気ですか。

先　　輩：どんな資格が必要なの？

女子学生：それがまだ職種とか全く決めてないんですよ。ただもう資格がないから何もできないんじゃないかって心配で心配で……。

＊女子学生の状況
☆ここに注目：「まず」の意味は？

先　　輩：なんだ、そうなのか。じゃ、**まず**それを決めることからだね。　←キーセンテンス②
　　　　　それ＝職種

⇩

ここがポイント❗

先輩はアドバイスを二つしている。
キーセンテンス①：資格を取るべきかについてのアドバイス
キーセンテンス②：職種についてのアドバイス

9番

正解へのアプローチ ✏️

この先輩は、女子学生にどんなアドバイスをしましたか。

1．やりたいことを決めること……………………………… キーセンテンス②と一致⇒○
2．取る資格を決めること……………………………… これについては何も言っていない⇒×
3．早く資格を取ること……………………………… これについては何も言っていない⇒×
4．やる気を出すこと
　…「やる気を出す」ではなく「やる気のあるところを見せる」必要があると言っている⇒×

正解： 1

表現・語句

1）就職するためには資格が何かないと厳しいですか？
　・厳しい＝難しい、大変、困難

2）ないよりはあったほうがいいのは間違いないよ。
　・間違いない＝確かだ
　　例：・彼が優秀な成績で合格するのは間違いないだろう。
　　　　・これをプレゼントすれば彼女が喜ぶのは間違いない。

3）とりあえずやる気のあるところだけでも見せなくちゃ。
　・やる気＝積極的に何かをしようとする気持ち

4）それがまだ職種とか全く決めてないんですよ。
　・全く～ない＝全然～ない
　　例：・彼はその事件とは全く関係がない。
　　　　・彼女はベジタリアンなので肉は全く食べない。

ポイント理解

10番　大学のサークル活動

女子学生が男子留学生に、大学のサークル活動について聞いています。この男子留学生がサークルに入って、**特に変わったことは何**ですか。　　← 聞き取る課題

女子学生：ジョンさん、何だか雰囲気が変わったね。
男子学生：そう？　やせたからかな。ハイキングのサークルに入ったんだよ。
女子学生：へえ、ハイキングのサークル？
男子学生：うん。今まで日曜日って家でごろごろしがちだったからね。それに日本人の友だちをもっと増やしたいと思って。　　＊サークルに入った理由
女子学生：へえ。じゃ、毎週ハイキングに行ってるの？
男子学生：うん。結構歩いてるよ。遠くへ行かないときも平地(へいち)トレーニングがあるんだ。1カ月で3キロもやせたよ。ぼくにとっては**大きい変化**だね。　　←キーセンテンス①
　　　　　☆ここに注目：大きい変化
女子学生：そうなんだ。結構ハードなのね。で、友だちのほうは？
男子学生：新しい友だちがたくさんできたよ。日本語を教え合ったりしてさ。　　←キーセンテンス②
女子学生：えっ？　日本語を教え合う？
男子学生：このサークル、意外と留学生が多いんだ。予想外だったけど、みんないい人だから、良かったよ。　　＊友だちは留学生

⇩

ここがポイント❗

留学生がサークルに入った理由と今の状況は？

＜サークルに入った理由＞
・家でごろごろ（を解消したい）
・日本人の友だちを増やしたい

＜今の状況＞
・キーセンテンス①：1カ月で3キロやせた
・キーセンテンス②：留学生の友だちが増えた

↓

課題の「特に変わったこと」にあたる「大きな変化」と言っているのは？

10番

正解へのアプローチ ✏️

この男子留学生がサークルに入って、特に変わったことは何ですか。
1．雰囲気や服装……………………… 雰囲気が「何だか変わった」と言われただけ⇒×
2．日本人の友だちが増えたこと………………………………… 増えたのは留学生⇒×
3．日本語を勉強するようになったこと
　…「留学生同士で教え合っている」という話で、以前より勉強するようになったとは言っていない⇒×
4．体重が減ったこと……………………………… キーセンテンス①と一致⇒○

正解：　4

表現・語句

1）家で<u>ごろごろし</u>がちだったからね。
・家でごろごろする＝特に何もしないで家にいる様子［擬態語（ぎたいご）］
（テレビを見たり昼寝をしたりなど、なまけているイメージを含んでいる）
例：休日だからって家で<u>ごろごろして</u>いないで、そうじでもしたらどう？
・〜がち＝〜ことが多い、よくそうなる［悪い傾向を表す表現］
例：季節の変わり目は、風邪（かぜ）をひき<u>がち</u>なので気をつけてください。

2）結構<u>ハード</u>なのね。
・ハード＝厳しい、激しい
例：・今週はとても忙しくて、スケジュールが<u>ハード</u>だ。
　　・プロスポーツの選手は、常に<u>ハード</u>な練習をこなしている。

3）日本語を<u>教え合っ</u>たりしてさ。
・動詞＋合う＝お互いにする
例：困ったときに<u>助け合う</u>のが本当の友情だ。
＊「話し合う」「見つめ合う」など慣用的に使う表現もある。

ポイント理解

11番　単位取得の条件　[CD1-37]

先生が、授業の最初の日に学生に注意を与えています。この授業の単位を取るために、**必要な条件は何**ですか。　　←聞き取る課題

　この授業では、教室での発表とフィールドワークを中心に行います。毎回授業の終わりに**課題**のプリントを渡します。提出の必要はありませんが、次の授業の発表に使うので、みんなしっかり準備して来るように。もし、**出席率**が80%なかったり、**フィールドワーク**に参加しなかった学生には、単位を与えることができないので注意してください。ただし、病気など特別な事情がある場合は別です。相談の上、**レポート**を提出してもらうことになると思います。それから、去年まで行っていた**学期末の試験**ですが、今年は実施しない予定です。

☆ここに注目：キーワードは五つ

←キーセンテンス

⇩

ここがポイント❗

キーワードをチェック！
①課題…発表の資料。提出する必要はない
②出席率…80%ないと、どうなる？（キーセンテンス）
③フィールドワーク…参加しないと、どうなる？（キーセンテンス）
④レポート…病気など特別な事情がある場合は提出する
⑤学期末試験…今年は実施しない
↓
「単位を与えることができない」と言っているのは②③＝必要条件！

正解へのアプローチ

この授業の単位をとるために、必要な条件は何ですか。

1．フィールドワークに参加することと課題を提出すること
　　　　　　　　　　　　　　　　　　　　　　　　　　　課題を提出する必要はない⇒×

2．レポートを書くことと学期末試験を受けること
　　　　　　　　　　　　　　　　　　　　　　　　　　　学期末試験は、今年は実施しない⇒×

3．授業に80％以上出席することとフィールドワークに参加すること
　　　　　　　　　　　　　　　　　　　　　　　　　　　必要な条件（キーワード②③）⇒○

4．レポートを書くことと授業に80％以上出席すること
　　　　　　　　　　　　　　　　　　　　　　　　　　　レポートは特別な事情がある場合のみ⇒×

正解： 3

表現・語句

1）この授業では、教室での発表と<u>フィールドワーク</u>を中心に行います。
　・フィールドワーク＝現地調査（実地調査）：ある調査対象について研究をする際に、そのテーマに即した場所（現地）を実際に訪れ、その対象を直接観察したり、関係者に聞き取り調査やアンケート調査を行ったりする調査技法。

2）相談の<u>上</u>、レポートを提出してもらうことになると思います。
　・〜上（で）＝〜（してからその）あとで
　　例：書類に必要事項をご記入の<u>上</u>、こちらの窓口までお越しください。

一言アドバイス

　条件がいくつか出てくる場合は、それが100％必要なものか、そうではないものかに注意しながら聞きましょう。

ポイント理解

12番　ボランティア活動

女子学生と男子学生が昨日のボランティア活動について話しています。この男子学生は、昨日のボランティア活動では、どんなことが良かったと言っていますか。

　←聞き取る課題

女子学生：昨日の市民祭りはすごい人だったね。
男子学生：いやあ、それがさあ、ボランティアで駐車場の交通整理をしたんだけど、結構大変だったよ。朝早くから、ずっと立ちっぱなしだったし。
女子学生：えっ、ボランティアやってたの？
男子学生：そうなんだよね。実は、最初は乗り気じゃなかったんだ。でも実際にやってみたら、「駐車場が狭い」って文句言う人もいたんだけど、中には「**ありがとう**」とか「**ご苦労様**」とか言ってくれる人もいたんだよ。

＊進んでやってみようという気持ちではなかった

☆ここに注目：これらの言葉を言ってもらうと、どんな気持ちになる？

女子学生：へえ。いろんな人がいるんだね。
男子学生：そんな一言で、こっちの気持ちが全然変わってくるんだよね。今度はこっちから声をかけてみようかな、なんて思ったりして。

←キーセンテンス
そんな一言＝感謝の言葉

女子学生：へえ、そうなんだ。それはいい経験したね。

⇩

ここがポイント❗

最初はやる気がなかったが……
キーセンテンス：最後には自分から声をかけてみようという積極的な気持ちに変わってきている。

12番

正解へのアプローチ ✏️

この男子学生は、昨日のボランティア活動では、どんなことが良かったと言っていますか。

1．祭りが見られたこと
　　………… 祭りの際にボランティアをしていた。祭りを見ていたとは言っていない⇒×
2．自分から声をかけようという気持ちになったこと
　　…………………………………………………………… キーセンテンスと一致⇒○
3．うまく交通整理ができたこと………………………… うまくできたとは言っていない⇒×
4．文句を言われたとき、我慢(がまん)できたこと……………… このような話はしていない⇒×

正解： 2

表現・語句

1）朝早くから、ずっと立ちっぱなしだったし。
　・〜ぱなし＝［はじめにした行為の後始末(あとしまつ)をしないで、そのまま放置した状態にすること］
　　例：窓を開けっぱなしで出かけて、泥棒に入られてしまった。

2）乗り気じゃなかったんだ。
　・乗り気＝進んでやってみようという気持ち
　　例：この商談には先方もずいぶん乗り気なので、思い切って進めよう。

ポイント理解

13番　旅行の方法

女子学生と男子学生が旅行について話しています。<u>この男子学生は、**どんな旅行をしている**と言っていますか。</u>

← 聞き取る課題

女子学生：あーあ、最近、<u>就活</u>が続いて疲れちゃった。どこか旅行にでも行きたいな。まあ、時間もお金もないけどね。

就活＝就職活動

男子学生：ぼくは、結構一人で旅行を楽しんでるんだよ。

＊男子学生は今、旅行を楽しんでいる

女子学生：えっ、旅行してるの？　この忙しい時期に？

男子学生：と言っても、<u>部屋で列車の時刻表と日本地図広げて、**架空の旅**に出るだけだけどね。</u>

←キーセンテンス

☆ここに注目：「架空の旅」とは、実際にではなく想像する旅行のこと

女子学生：架空？

男子学生：そう。まずは、目的地を決めて、最短距離でいかに安く行くかを調べるんだ。乗り継ぎを考えるのもなかなか楽しいよ。新幹線だって、フェリーだって、飛行機だって自由に乗れるんだから。

女子学生：へえ、何だかおもしろそうだね。

☆ここに注目：架空の旅↔本当の旅行

男子学生：就職決まったら、**本当の旅行**がしたいけどね。

＊「したい」ということは、今していることではない？

⇩

ここがポイント❗

「架空の旅」と「本当の旅行」、男子学生がしているのは？
↓
キーセンテンス：（今、している旅行は）部屋で列車の時刻表と日本地図を広げて楽しむ架空の旅。

13番

正解へのアプローチ ✏️

この男子学生は、どんな旅行をしていると言っていますか。

1. 短い日程で行ける、格安な旅行をしている。……………… 実際には旅行していない⇒×
2. 友だちといっしょに計画を立てて旅行をしている。……… 実際には旅行していない⇒×
3. いろいろな乗り物を使う、お金をかけたぜいたくな旅行をしている。
   ……………………………………………………………… 実際には旅行していない⇒×
4. 頭の中で自由に楽しむ旅行をしている。
   ……………「頭の中で楽しむ旅行」は架空の想像の旅なので、キーセンテンスと一致⇒○

正解： 4

表現・語句

1) <u>と言っても</u>、部屋で列車の時刻表と日本地図広げて、<u>架空</u>の旅に出るだけだけどね。

　・〜と言っても＝［実は期待されるほど程度が高くない］
　　例：新しいアルバイトが見つかった。<u>と言っても</u>友だちの代わりに1週間働くだけだが。

　・架空＝事実に基づかずに、想像によって作ること
　　例：このドラマはフィクションであり、登場する人物、団体名はすべて<u>架空</u>のものです。

2) 新幹線<u>だって</u>、フェリー<u>だって</u>、飛行機<u>だって</u>自由に乗れるんだから。

　・〜だって〜だって［インフォーマルな会話表現］＝〜も〜も
　　例：子ども「お母さん、新しいゲーム、買って！」
　　　　母　　「だめですよ。もうたくさん持ってるでしょう」
　　　　子ども「Aちゃん<u>だって</u>Bちゃん<u>だって</u>みんな持ってるんだよ。ほしいよー」

ポイント理解

14番　試験の説明

先生が試験について説明しています。<u>この先生が、禁止していることは何</u>ですか。　　← 聞き取る課題

　えー、今学期の社会学の定期試験はレポートの提出とします。締め切りは再来週の金曜日の午後5時です。それまでに、私宛(あて)にメールで送ってください。あー、それから、レポートを作成する際に<u>インターネットで検索した情報を参考にするのは構いません</u>が、<u>それをそのまま自分の考察として使ったり、あるいは他人の意見を自分の意見として書くようなことは**絶対にしない**</u>でください。あくまで、自分の頭で考えて書くように。コピーすることは簡単ですが、それでは皆さんの勉強になりませんよ。

←キーセンテンス
構いません＝してもいい

☆ここに注目

ここがポイント❗

この先生が勉強にならないと言って
「禁止していること」＝「絶対にしないようにと言っていること」は？
↓
キーセンテンス：インターネットで検索した情報をそのまま自分の考察として使ったり、自分の意見として書いたりすること

正解へのアプローチ

この先生が、禁止していることは何ですか。

1．自分の意見をそのままレポートに書くこと………………… これは、してほしいこと⇒×
2．インターネットで情報を検索すること
　　………………………………… キーセンテンスの「構いません」は、してもいいこと⇒×
3．インターネットで検索した情報をコピーすること
　　………………………………………… キーセンテンスでしないように指示している⇒○
4．パソコンで先生にレポートを送ること………………… こうするように指示している⇒×

正解： 3

表現・語句

自分の頭で考えて書く<u>ように</u>。
・〜ように ＝ ［間接的な命令］
　例：もう二度とこんな事をしない<u>ように</u>。

一言アドバイス

「構わない」には、いろいろな意味があります。

・ここで何か飲むのは<u>構いません</u>が、食べるのはやめてください。（してもいい）
・午後５時まででしたら何時でも<u>構いません</u>。ぜひ来てください。（問題や不都合がない）
・もう私には<u>構わないで</u>ください。（気にかけない。かかわらない）

ポイント理解

15番　熊が出た原因

男子学生と女子学生が、熊について話しています。この男子学生は、熊が町に出てきた<u>**原因は何**</u>だと言っていますか。　　　　　　←聞き取る課題

男子学生：ニュースで見たんだけど、最近町に熊が出てくるんだって。

女子学生：あ、私も見た。森の中に熊の**食べ物**が足りないから、町に探しに出てくるのかな？それとも、森が開発されて熊の**住める場所**が減っているのかな。

☆ここに注目：「食べ物」が足りない？「住める場所」が減ってる？

男子学生：それがね、<u>**里山**っていう地域が減ってきたかららしいよ</u>。里山って森と町との間にある、田んぼや雑木林なんかのある場所なんだって。昔はそこで人と動物とが、適当な距離を置きながら共存してきたんだ。

←キーセンテンス①

☆ここに注目：里山＝人と動物が共存してきた場所

女子学生：<u>それがなくなっちゃったから、森からいきなり町に現れたって格好になっちゃったん</u>だね。

←キーセンテンス②

それ＝里山

男子学生：そう。町に出た熊がみんなに追いかけまわされて、麻酔銃で撃たれたりするのを見ると、かわいそうな気がするよ。

⇩

ここがポイント！

女子学生の最初の考え…食べ物が足りない、森の開発で住める場所が減っている。
男子学生の話（キーセンテンス①）…里山が減ってきた。
↓
キーセンテンス②：里山がなくなったから、森からいきなり町に現れるようになった。

正解へのアプローチ ✏️

この男子学生は、熊が町に出てきた原因は何だと言っていますか。

1. 熊の食べ物がなくなったから………………………………… 女子学生の考え⇒×
2. 森が開発されて田んぼになったから
   ……「田んぼになった」のではなく、田んぼなどのある里山が減った、と言っている⇒×
3. 人と動物が共存できる場所が減ったから… 男子学生の話（キーセンテンス①）と一致⇒○
4. 人間が追いかけたり銃で撃ったりするようになったから
   ………………………………………… これは町に出た熊の話で、原因ではない⇒×

正解： 3

表現・語句

1) 最近町に熊が出てくる<u>んだって</u>。
   ・〜って［聞いたこと、読んだことを伝えるインフォーマルな会話表現］
   ＝〜ということだ、〜そうだ
   例：A「曇ってきたね」
   　　B「朝の天気予報を見たんだけど、今日は午後から雨が降る<u>って</u>」

2) 昔はそこで人と動物が、<u>適当</u>な距離を置きながら共存してきたんだ。
   ・適当＝（程度や分量が）ちょうど良い
   例：カレーを作りますから、野菜を<u>適当</u>な大きさに切ってください。
   ＊「適当」には次のような意味もあります。
   ①目的や条件などにうまく当てはまること
   　例：では問題です。次の三つの中から<u>適当</u>な答えを選んでください。
   ②いいかげんだ（マイナス評価）
   　例：Aさんはいつも<u>適当</u>なことばかり言って、全然真剣に考えない。

一言アドバイス ✓

　二人の対話では、それぞれの意見や考えの違いに注意しましょう。はじめの問いをよく聞いて、どちらの意見が問題となっているのかをきちんと理解しておくことが大切です。

ポイント理解

🆑 16番　理科への関心

科学者が子どもの理科離れについて話しています。<u>この科学者は、どうしたら子どもが理科に関心を持つようになる</u>と言っていますか。　← 聞き取る課題

インタビュア：最近、理科に**関心**の薄い子どもが増えてきたと言われていますが、どう思われますか。

科　学　者：子どもはもともと恐竜や宇宙など、科学的な現象に**好奇心**を持っているものです。しかし、学校に入り、理科が教室の机の上の勉強になってしまうと、興味が失われてしまうのです。

☆ここに注目：関心を持つための好奇心はある

インタビュア：そういう子どもたちに**関心**を持たせるためにはどうしたらいいでしょうか。

科　学　者：そうですね、<u>授業の中で実験や観察をきちんとやっていくことが大切</u>だと思います。子どもたちは臭いや熱、光や音を直接体験することで、自然現象のおもしろさやすごさを体験していきます。そして、自然界が実は法則に従って動いているということを理解していくのです。<u>知識を詰め込むのではなく、直接体験することで科学への**好奇心**は育っていく</u>と思います。

←キーセンテンス①

←キーセンテンス②
知識を詰め込む＝多くの知識を無理に覚えさせる

⬇

ここがポイント ❗

子どもが理科に関心を持つようにするためには、
キーセンテンス①：授業で実験や観察を行うことが大切
↓
キーセンテンス②：自然現象を直接体験することで好奇心が育っていく。

16番

正解へのアプローチ ✏️

この科学者は、どうしたら子どもが理科に関心を持つようになると言っていますか。

1．子どもに恐竜や宇宙の話をたくさん聞かせる。
　　……………………………………… **聞かせるのではなく、体験させることが大切⇒×**
2．自然現象のおもしろさを体験させる機会を作る。
　　……… **キーセンテンス①：授業の中で実験や観察をきちんとやっていくことが大切⇒○**
3．自然現象の法則を説明して理解させる。
　　……………………………………… **体験の中から自然界の法則を理解することが大切⇒×**
4．知識を詰め込みながら、好奇心を育てる。
　　………………… **知識を詰め込むのではなく、体験することで好奇心を育てるべき⇒×**

正解： 2

表現・語句

1）科学者が子どもの理科離れについて話しています。
　・〜離れ＝そのものから関心が離れること
　　例：・最近は本を読まない子どもが増えて、活字離れが進んでいる。
　　　　・民意を無視した政治が続き、大衆の政治離れが著しい。

2）子どもはもともと恐竜や宇宙など、科学的な現象に好奇心を持っているものです。
　・〜ものだ＝［自然ななりゆき］
　　例：自分の間違いは、誰でもなかなか認めたがらないものだ。

3）おもしろさやすごさを体験していきます。
　・おもしろい　→　おもしろさ　（名詞化）
　・すごい　　　→　すごさ　　　（名詞化）

ポイント理解

17番　眠くなる方法

カウンセラーが男子学生にアドバイスをしています。このカウンセラーは、**眠くなるにはどうすればいい**と言っていますか。　　←聞き取る課題

男子学生	：最近なかなか寝つけないんですよ。布団に入っても寝返りばかりで、いつまでも寝られなくって……。
カウンセラー	：そうですか。何か心配なこととか、ストレスに思っているようなことはありますか。
男子学生	：特に意識していることはないんですけど。何かいい方法はないでしょうか。
カウンセラー	：そうですね。眠くなる、とっておきの方法がありますよ。
男子学生	：え、どうするんですか。
カウンセラー	：それは、**体温を１度下げる**ことです。
男子学生	：え？　１度下げろって言われても……。
カウンセラー	：そうですね。そう簡単に私たちは体温を変えることなんかできませんものね。どうするかって言うと、まず**体温**を上げて、それから下げればいいんです。
男子学生	：あの、まだよくわからないんですが。
カウンセラー	：えーと、たとえばぬるめのお風呂に30分くらいゆっくり浸かるんです。お風呂から出て30分くらいたつと、上がった体温が下がるので眠くなるというわけです。コップ１杯の温かいミルクを飲むのもいい方法ですよ。

☆ここに注目：体温をどうすれば眠くなる？

←キーセンテンス①

←キーセンテンス②

⇩

ここがポイント❕

キーセンテンス①：眠くなる方法
キーセンテンス②：具体例二つ（風呂、ミルク）

17番

正解へのアプローチ ✏️

このカウンセラーは、眠くなるにはどうすればいいと言っていますか。

1. 熱い風呂に30分くらい入る。 ……………………… 熱い風呂ではない⇒✕
2. ぬるい風呂に30分くらい入る。 ……………………… キーセンテンス②と一致⇒○
3. 風呂に入って、30分後にミルクを飲む。 ……………… 風呂とミルクは別々の方法⇒✕
4. ミルクを飲んで、30分後に風呂に入る。 ……………… 風呂とミルクは別々の方法⇒✕

正解： 2

表現・語句

1）最近なかなか<u>寝つけ</u>ないんですよ。
　・寝つく＝眠りに入る、眠る

2）<ruby>布団<rt>ふとん</rt></ruby>に入っても<u>寝返り</u>ばかりで、～
　・寝返り＝寝たまま体の向きを変えること
　　例：・彼女は悪い夢でもみているのか、さっきから<u>寝返り</u>ばかり打っている。
　　　　・弟は<ruby>寝相<rt>ねぞう</rt></ruby>が悪く、何回も<u>寝返り</u>を打っているうちにベッドから落ちてしまった。

3）眠くなる、<u>とっておき</u>の方法がありますよ。
　・とっておき＝大切に取っておいた特別のもの、最高のもの
　　例：・母の<u>とっておき</u>の食器をこっそり使って紅茶を飲んだ。
　　　　・20歳の誕生日だから、<u>とっておき</u>のワインを開けよう。

4）たとえば<u>ぬるめ</u>のお風呂に30分くらいゆっくり<ruby>浸<rt>つ</rt></ruby>かるんですよ。
　・～め＝［ややその傾向がある］
　　例：・<u>早め</u>に家を出る。
　　　　・お金を<u>多め</u>に持って行く。
　　　　・Aさんは、どちらかというと<ruby>控<rt>ひか</rt></ruby><u>えめ</u>なほうです。
　・<ruby>浸<rt>つ</rt></ruby>かる＝液体の中に入りきる

ポイント理解

18番　プレゼンテーションの流れ

女子学生と男子学生が話しています。<u>この男子学生は、プレゼンテーションの流れで、**一番大切なのは何**だと言っていますか。</u>　　　← 聞き取る課題

女子学生：来週、研究発表だね。ちょっと気が重いな……。
男子学生：うん。初めてだし緊張しそうだけど、この間の先生の説明通りにすればきっと大丈夫だよ。
女子学生：えっ？　何か説明があったの？　<u>こないだ</u>のゼミ、体調悪くて休んじゃったから……。　　　こないだ＝この間、先日
男子学生：そうだったっけ。大まかなプレゼンの流れと手順について聞いたよ。
女子学生：ええー、まずい。教えて、教えて！
男子学生：はい、はい。えーと、まず、名前言って挨拶でしょ。で、プレゼンのテーマと大雑把な所要時間だったかな。それから本題に入る……。なるべくグラフとか表とか、ビジュアルを提示してわかりやすくしたほうがいいって。

＊プレゼンの際の順序
　①名前
　②挨拶
　③テーマ
　④所要時間
　⑤本題

女子学生：ビジュアルね……。
男子学生：そうだ、<u>肝心なこと</u>忘れてた。本題の展開の仕方は自由だけど、<u>最初に結論を述べるようにって</u>。それが一番わかりやすいし大事だって話だったよ。

肝心なこと＝一番大切なこと

←キーセンテンス

女子学生：最初に結論ね。ありがとう。
男子学生：あ、それと質疑応答の時間を最後に取るようにって。　　　⑥質疑応答
女子学生：あっ、そうか。質疑応答もあるんだよね。

⇩

ここがポイント❗

肝心なこと（＝最も重要なこと。特に大切なこと）は何か？
キーセンテンス：本題の最初に結論を！

正解へのアプローチ

この男子学生は、プレゼンテーションの流れで、一番大切なのは何だと言っていますか。

1. 発表の前に所要時間を言うこと……… **必須事項だが、特に大切だとは言っていない⇒×**
2. 表を使って説明すること
   …………… **表は「必ず」提示するようにとは言っていないので、一番大切ではない⇒×**
3. 最初に結論を言うこと………………… **これが肝心なこと。キーセンテンスと一致⇒○**
4. 最後に質疑応答をすること…………… **必須事項だが、特に大切だとは言っていない⇒×**

正解： 3

表現・語句

1) 来週、研究発表だね。ちょっと気が重いな……。
   ・気が重い＝いやなことがありそうで心が晴れない
     例：せっかくの休日に、会社に行かなければいけないなんて気が重い。

2) 大まかなプレゼンの流れと手順について聞いたよ。
   ・大まか（な）＝大体
   ・プレゼン（＝プレゼンテーション）＝発表
   ・手順＝物事をする順序

3) ええー、まずい。
   ・まずい＝具合が悪い、不都合だ
     例：「まずい、警察だ！ 逃げろ！！」

4) プレゼンのテーマと大雑把（おおざっぱ）な所要時間だったかな。
   ・大雑把（おおざっぱ）（な）＝細かいことにこだわらず、おおまか
   ・所要時間＝かかる時間

5) なるべくグラフとか表とか、ビジュアルを提示して～
   ・ビジュアル＝視覚に訴えるもの

6) それと質疑応答の時間を最後に取るようにって。
   ・質疑応答＝質問とそれに対する答え

ポイント理解

19番　駐輪場の申し込み

女子学生と男子学生が駐輪場の申し込みについて話しています。この女子学生は、駐輪場を予約するために、**まず何をしなければ**なりませんか。　　← 聞き取る課題

女子学生：駅前の駐輪場の年間予約ってどうするんだっけ？わかんなくなっちゃった。
男子学生：えっ、予約っていつでもできるの？
女子学生：うん、そうだって。で、来月から借りたいと思ってるんだけど、今日がその締め切りなんだよね。確か3時……。
男子学生：じゃ、急がないと。**まず**、駐輪場で申請用紙をもらって……。　　☆ここに注目：まず ⇒最初にすること
女子学生：あ、それはある。　　それ＝申請用紙
男子学生：じゃ、年間使用料を銀行か郵便局で振り込んで、その証明書を用紙に貼って、あと、必要事項を書き込んで、区役所の窓口に出すんだよ。　　←キーセンテンス①
女子学生：えー、ちょっと大変だなあ。
男子学生：まあね。でも確か、支払いは平日の午前中なら区役所でもできたはずだよ。　　←キーセンテンス②
女子学生：ほんと？　ああ、でも、今日の午前は授業が詰まってるんだ。　　←キーセンテンス③
男子学生：じゃ、仕方ないね。　　終わったら＝授業が終わったら
女子学生：うん。じゃ、終わったらすぐ行ってくる。ありがとう。

⇩

ここがポイント❗

キーセンテンス①：まずは、銀行か郵便局で年間使用料の振り込みをしなければならない。
キーセンテンス②：区役所でも平日の午前中のみ払い込みができる。
↓
午前中は、ずっと授業があるので、区役所へ行くことができない。どこで振り込みをする？

19番

正解へのアプローチ

この女子学生は、駐輪場を予約するために、まず何をしなければなりませんか。

1. 駐輪場へ行って申請用紙をもらう。……………… 申請用紙はすでに持っている⇒×
2. 区役所へ行って使用料を払う。
   ………… 午前中は授業で区役所へ行けない。役所で払い込みができるのは午前のみ⇒×
3. 銀行か郵便局へ行って使用料を払う。…………… 午後、払い込みができるのはここ⇒○
4. 先生に授業を休む連絡をする。………………「授業を休む」とは言っていない⇒×

正解： 3

表現・語句

1) 駅前の<u>駐輪場</u>の年間予約ってどうするん<u>だっけ</u>？
   ・駐輪場＝自転車をとめておくところ　　＊車をとめておくところは「駐車場」
   ・～っけ＝～［はっきり思い出せないときや、確認したいときに使うインフォーマルな会話表現］
   　例：A「パスポート、どこにあるん<u>だっけ</u>？」
   　　　B「一番上の引き出しだよ」

2) 今日の午前は授業が<u>詰ま</u>ってるんだ。
   ・授業が詰まっている＝ずっと授業が続く、授業がある
   ・詰まる＝空いた時間がないくらいにするべきことがたくさんある
   　例：今月はすでに予定が<u>詰まっている</u>ので、これから新しい予定を入れることはできない。

一言アドバイス

　手続きの順序や、手続きをする場所に関する問題は、話が複雑な場合が多いので、どこで何をするのか、いつならできるのか、などを意識して聞きましょう。また、話の流れに沿ってメモをしながら聞くことも忘れずに！

ポイント理解

20番　警察のアドバイス

女子学生が男子学生にかばんの盗難について話しています。この女子学生は、警察でどんなことを言われたと言っていますか。　← 聞き取る課題

男子学生：あれっ、元気ないね。どうしたの？
女子学生：実はね、昨日、帰り道でひったくりに遭っちゃったの。
男子学生：ひったくり？
女子学生：肩にかばんをかけて歩いてたら、後ろからすうっとバイクが近づいてきて、そのままかばんを持って、走って逃げてったの。
男子学生：えー、そりゃ、大変だったね。警察に行ったの？
女子学生：すぐに行ったわよ。でもね、いろいろ言われちゃった。まず、かばんは車道と反対側に持ちなさいって。それから、ショルダーバッグは、肩からななめにかけなさいって。　←キーセンテンス①
男子学生：肩からななめに？
女子学生：うん。ただ肩にかけるだけじゃなくて、車道側の肩から斜めにかけるの。それで、前で抱えたらもっと安心だって。　←キーセンテンス②
男子学生：そうか。そうすれば、後ろからバイクが近づいて来てもバッグが見えないもんね。
女子学生：うん。あとね、歩きながらメールしたり、音楽を聞いたりするのも危ないんだって。　←キーセンテンス③

ひったくり＝すれちがいざまに他人の持っている物を奪って逃げること。また、その人

ここがポイント！

キーセンテンス①：1）かばんは車道と反対側に持つ
　　　　　　　　　2）ショルダーは肩からななめにかける
キーセンテンス②：3）さらに前で抱えて持つともっといい⇒後ろから見えない
キーセンテンス③：4）歩きながらメールしたり、音楽を聞いたりするのも危ない

正解へのアプローチ ✏️

この女子学生は、警察でどんなことを言われたと言っていますか。

1. ショルダーバッグは肩にかけないで前で抱えたほうがいい。
   ……………………………………「ただ肩にかけるだけじゃなくて」→肩にかける！⇒×
2. かばんは車道と反対側に持ったほうがいい。……………　キーセンテンス①と一致　⇒○
3. 後ろから見えるようにバッグを持ったほうがいい。
   ………………………………………………………… 後ろから見えないほうがいい⇒×
4. バイクが近づいて来たら走って逃げたほうがいい。…… このような話はしていない⇒×

正解： 2

表現・語句

1) <u>すうっと</u>バイクが近づいてきて、～
   - すうっと＝なめらかに、静かに物が動く様子
     例：大きな家の前を歩いていたら、門が<u>すうっと</u>開いて中から老人が出てきた。

2) ただ肩にかける<u>だけじゃなくて</u>、～
   - ～だけじゃなくて（だけではなく）＝もっとほかにも
     例：子どもの「いじめ」問題は当事者<u>だけでなく</u>、家庭や社会全体で考えていかなければならない。

一言アドバイス ✓

[物の持ち方]
- かばんを<u>手に持つ</u>
- ショルダーバッグを<u>肩にかける</u>
- リュックサックを<u>背負う</u>（せお）（しょう）
- 買い物袋を<u>提げて</u>歩く
- セカンドバッグを<u>小脇に抱える</u>（こわき）

ポイント理解

21番　ほめることの欠点

女子学生と男子学生が話しています。<u>この二人は、ほめることの**欠点は何**だ</u>と言っていますか。　　←聞き取る課題

女子学生：レポート？
男子学生：うん、教育学の課題で、ほめることの利点と欠点を考えてレポートにまとめなくちゃならなくて。
女子学生：ふーん、ほめることの利点ね……。私は絶対ほめてもらえないとダメだなあ。ほめられて育つタイプなのよ。
男子学生：そりゃ、誰だってほめられるほうが好きでしょ。やる気も出るし、がんばろうって気にもなるし。ほめることに<u>マイナスポイント</u>なんてあるのかな？　　マイナスポイント＝欠点
女子学生：私にはない！　いつでもほめてほしい！　きれいだねとか、かわいいねとか、頭いいねとか……。
男子学生：はい、はい。でも、きれい、きれいって言われ続けたら、そのうちそんなにうれしくなくなっちゃうんじゃないのかな。
女子学生：うーん、確かにそうかも。<u>最初は刺激的な言葉も、それが続けば慣れてきちゃって効果がなくなってきちゃうかもね</u>。真実味が薄れて、口先だけの薄っぺらな言葉に聞こえてきちゃうんじゃないかな。　　←キーセンテンス　言葉＝ほめる言葉
男子学生：そしたら、やる気も出なくなっちゃうよね。

⇩

ここがポイント❗

どうして「ほめる」効果がなくなってしまうのか
↓
キーセンテンス：ほめられるとうれしいが、ほめられ続けると慣れてしまい、口先だけの言葉に聞こえてくる。⇒そうなると、うれしく感じない！

| 21番

正解へのアプローチ ✏️

この二人は、ほめることの欠点は何だと言っていますか。

1. やる気が出なくなること……………　これは、ほめられ続けて慣れてしまった場合⇒×
2. ほめ続けなければいけないこと………　こうしなければいけない、とは言っていない⇒×
3. 慣れるとうれしくなくなること………………………………　キーセンテンスと一致⇒〇
4. 本気でほめる人がいないこと……………　本気でほめない、とは言っていない⇒×

正解： 3

表現・語句

1) 教育学の<u>課題</u>で、ほめることの利点と欠点を考えて~
   - 課題＝与えられた問題、仕事

2) <u>そのうち</u>そんなにうれしくなくなっちゃうんじゃないのかな。
   - そのうち＝いつか、やがて

3) うーん、確かにそう<u>かも</u>。
   - ～かも［インフォーマルな会話表現］＝～かもしれない

4) <u>真実味</u>が<u>薄れて</u>、<u>口先</u>だけの<u>薄っぺら</u>な言葉に聞こえてきちゃうんじゃないかな。
   - 真実味＝真実だという感じ、本当らしさ
   - 薄れる＝程度が弱くなる
   - 口先＝本心でなく、口で言っているだけの言葉
   - 薄っぺら＝考え方や人柄に厚みや深みがない様子

ポイント理解

22番 「茶」の呼び名

文化史の先生がお茶について話しています。この先生は、ポルトガルで紅茶を「チャ」と呼ぶのは、なぜだと言っていますか。　　　　　　　　　　　　　　　　　← 聞き取る課題

　皆さんの中には、日本茶と紅茶が違う植物だと思っている人もいるかもしれませんが、日本茶も紅茶もともにチャノキという植物を加工した飲み物です。これは、日本ではもちろん「**チャ**」、英語では「ティー」と呼ばれていますね。この、お茶の呼び名は世界的に見ると、大きく二つに分けることができます。日本をはじめとする「**チャ**」グループは、中国の広東語(カントン)を語源にし、主に陸路で広まったと考えられています。韓国(かんこく)のチャ、ロシアやポーランドのチャイ、アラビア語のシャーもこのグループに入ります。一方、中国の福建語(フッケン)を語源に海路で広まった「**テ**」グループには、オランダのテー、フランスやイタリアのテ、スリランカのテーなどがあります。ヨーロッパの多くは「**テ**」のグループに入るのですが、ポルトガルは「**チャ**」グループに入ります。これはポルトガルが広東語(カントン)を使うマカオから茶を運んだためなんですね。

☆ここに注目：紅茶の呼び方は、「チャ」と「テ」のグループに分けられる

＊「チャ」グループの説明

＊「テ」グループの説明

←キーセンテンス

⇩

ここがポイント ❗

ポルトガルが「チャ」グループに入る理由を言っているところは？
↓
最後のキーセンテンス

22番

正解へのアプローチ ✏️

この先生は、ポルトガルで紅茶を「チャ」と呼ぶのは、なぜだと言っていますか。

1．ヨーロッパのほかの国から運ばれたから……………………　マカオから運ばれてきた⇒×
2．中国の福建省から運ばれたから……………………………　これは「テ」グループの説明⇒×
3．広東語を使うマカオから運ばれたから……………………　キーセンテンスと一致⇒○
4．日本から運ばれたから……………………………………　日本から運ばれたとは言っていない⇒×

正解：　3

表現・語句

1）日本茶も紅茶も<u>ともに</u>チャノキという植物を<u>加工した</u>飲み物です。
- ともに＝両方とも
- 加工する＝人が手を加えること、原材料そのままでない

2）日本<u>をはじめとする</u>「チャ」グループは、中国の広東語を<u>語源</u>にし、主に<u>陸路</u>で広まったと考えられています。
- ～をはじめ（として）＝一番代表的な例として、まず～
  例：・この店は、掃除機や洗濯機<u>をはじめとする</u>家電の品揃えがいい。
　　　・日本には英語<u>をはじめ</u>、多くの外国語が外来語として使われている。
- 語源＝言葉の由来、起源
- 陸路＝陸上を進む道

3）一方、中国の福建語を語源に<u>海路</u>で広まった「テ」グループには、～
- 海路＝船で進む海上の道

ポイント理解

23番 交差点

男子学生と女子学生が、大学の前にある交差点について話しています。**この男子学生は、この交差点をどうすべき**だと言っていますか。

← 聞き取る課題

男子学生：大学の前の交差点、昨日も事故があったらしいよ。

＊交差点で事故が多い
⇒どうしたらいいか

女子学生：また？　交通量が多いわりに狭いからね。道を広げればいいのに。

＊道を広げる？

男子学生：それより**信号**だよ。すぐ赤に変わっちゃうでしょ？　お年寄りなんか渡りきれないよ。青をもっと長くしなきゃ。

☆ここに注目：信号をどうする？

←キーセンテンス

女子学生：う〜ん。これから歩道橋をつくる計画もあるらしいけど。歩道橋ができれば事故が減るんじゃない？

＊歩道橋をつくる？

男子学生：ないよりはいいけど、結局あんまり使わないんじゃないかな？

女子学生：そうかもね。交通整理の警察官でもいてくれたらいいのにね。

＊警察官が交通整理をする？

男子学生：警察官かあ。それはちょっと無理なんじゃない？

女子学生：そうか……。そうだよね。

⇩

ここがポイント❗

女子学生と男子学生の意見は？
↓
女子学生の意見：道を広げる、歩道橋をつくる、警察官が交通整理をする。
男子学生の意見：女子学生の意見を否定。信号の青をもっと長くする。（キーセンテンス）

正解へのアプローチ ✏️

この男子学生は、この交差点をどうすべきだと言っていますか。

1．警察官が交通整理をすべきだ。……………………………… 女子学生の意見⇒×
2．歩道橋をつくるべきだ。……………………………………… 女子学生の意見⇒×
3．信号の時間の長さを変えるべきだ。………………………… 男子学生の意見⇒○
4．もっと道を広くすべきだ。…………………………………… 女子学生の意見⇒×

正解： 3

表現・語句

1）交通量が多い<u>わりに</u>狭いからね。
 ・〜わりに＝〜の程度から予想されることと比べて
  例：・この店の料理は高い<u>わりに</u>まずい。
    ・山口さんは、若い<u>わりに</u>考え方がしっかりしている。

2）渡り<u>きれない</u>よ。
 ・動詞＋きる＝全部終わる
  例：・初めてのマラソン大会で、見事に42.195kmを<u>走りきった</u>。
    ・こんなにたくさんの料理、一人では<u>食べきれません</u>。
 ＊「動詞＋きる」には、「思いきって〜（する）」「わかりきった話」など慣用的に使う表現もある。

一言アドバイス ✓

　会話では、お互いに相手の意見に賛成したり否定したりしながら話が進んでいくので、聞き逃さないように注意しましょう。また、どちらの意見を答える問題なのか、はじめによく聞いて理解しておくことが大切です。

ポイント理解

24番　街頭でのティッシュ配り

女子学生と男子学生が話しています。<u>街角でティッシュ配りが**減ったのは、なぜ**ですか。</u>　← 聞き取る課題

女子学生：今日の経済学の授業で聞いた、最近街でポケットティッシュを配る人が減ったって話、おもしろかったね。

男子学生：うん、あんまり気にしたことなかったけど、確かにもらってもあんまり使わないし、お得感は薄れたかも。　＊ティッシュをもらわない理由①

女子学生：そうね。今はラーメン屋さんに入ってもボックスのティッシュが置いてあるし、かばんの中でもかさばるし、私も最近はもらわないかな……。　＊ティッシュをもらわない理由②

男子学生：うん、<u>もらう人が減れば**広告**としての価値は下がるってことだよ。</u>　←キーセンテンス
☆ここに注目：ティッシュを配る目的

女子学生：配る量もここ数年で半減って言ってたね。

男子学生：代わりに夏はうちわ、冬はカイロを配る企業も出始めたっていうのも、うなずけるかな。

女子学生：私もティッシュよりカイロのほうが断然いいもん。

男子学生：それはティッシュよりカイロのほうが単に高いからでしょ？

女子学生：それもあるけど、やっぱりありがたみが違うのよ。私、冷え性だからね。

⇩

ここがポイント❗

街角でティッシュ配りが減った理由を言っているところは？
↓
キーセンテンス：使う人が減る⇒広告価値が下がる

24番

正解へのアプローチ ✏️

街角でティッシュ配りが減ったのは、なぜですか。

1. ラーメン屋にティッシュが置いてあるから
   ……………………………………… これはティッシュをもらう人が減った理由⇒×
2. ティッシュをもらう人が減ったから……………………… キーセンテンスと一致⇒○
3. うちわやカイロを配る企業が増えたから
   ……………………………………… これはティッシュをもらう人が減った理由⇒×
4. ポケットティッシュは安いから……………………… 値段の話ではない⇒×

正解： 2

表現・語句

1) あんまり<u>気にした</u>ことなかったけど、～
   ・気にする＝注意を払う、関心を持つ、心にとめる
     例：・彼はあまり服装や髪型を気にしない。
        ・他人のことを気にするより、自分のやりたいことをやれ。

2) かばんの中でも<u>かさばる</u>し、私も最近はもらわないかな……。
   ・かさばる＝重さの割りに場所を取る

3) <u>代わり</u>に夏はうちわ、冬はカイロを配る企業も出始めたっていうのも、<u>うなずける</u>かな。
   ・代わり＝交代、交換すること
   ・うなずける＝理解できる、納得できる

4) 私もティッシュよりカイロのほうが<u>断然</u>いい<u>もん</u>。
   ・断然＝差が大きい、非常に
   ・～もん＝［くだけた会話中で文末につけて、理由を表す。（特に女性、子どもが使うことが多い）］
     例：A「あれっ、冷蔵庫に入れておいたケーキ、全部食べちゃったの？」
        B「うん、だっておなかがすいてたんだ<u>もん</u>。」

5) ティッシュよりカイロのほうが<u>単</u>に高いからでしょ？
   ・単に＝ただ、単純に

ポイント理解

25番　消費税の滞納

経済学の先生が税金について話しています。<u>この先生は、消費税の**滞納額が多いのは、なぜ**だと言っていますか。</u>

← 聞き取る課題

　学生の皆さんにとって一番身近に感じる税金は、何と言っても消費税だと思います。100円ショップに行っても100円では買い物ができないわけで、5％の消費税を意識せずにはいられませんね。そんなおなじみの消費税の話を今日はしたいと思います。

　皆さんは意外に思うかもしれませんが、消費税は国税の中で最も滞納額が多い税金なんですよ。私たちは買い物のたび、好むと好まざるとにかかわらずきっちり払っているのに、なぜ滞納の額が一番多いのでしょうか。消費税は間接税なので、税を納める義務があるのはお事業者、つまりお店の人ということになります。売り上げが1,000万円を超えると消費税を払う義務が生じるのですが、<u>中小の事業者にとっては、消費税の処理のための手間やコストは大きな**負担**になるので、そこまで手が回らない事業者が多い</u>というのが滞納の一因になっているわけです。

＊消費税を払う義務がある人は？

←キーセンテンス
☆ここに注目：滞納の理由
そこ＝消費税の処理のための手間やコスト

⇩

ここがポイント !

消費税の滞納額が多い理由について話しているのは後半。
↓
キーセンテンス：中小の事業者にとって、消費税の処理のための手間やコストは大きな負担。だから、そこまで手が回らない事業者が多い。

正解へのアプローチ ✏️

この先生は、消費税の滞納額が多いのは、なぜだと言っていますか。

1. 消費者が国に直接消費税を納めていないから………………… 滞納とは関係がない⇒×
2. 売り上げが1,000万円以下の事業者が消費税を納めないから
   ………………………………………………… 全員が納めないということではない⇒×
3. 消費税の処理が大変で、できない事業者が多いから………… キーセンテンスと一致⇒○
4. 売り上げが1,000万円を超えない事業者が多いから
   ………………………………………………… これについては何も言っていない⇒×

正解： 3

表現・語句

1）一番身近に感じる税金は、<u>何と言っても</u>消費税だと思います。
　・何と言っても～＝～が一番だ

2）5％の消費税を<u>意識せずにはいられません</u>ね。
　・～ずにはいられない＝～しないでいることはできない
　　例：・こんなにおもしろい話は、誰かに<u>言わずにはいられない</u>。
　　　　・彼女にふられた。こんな日は酒を<u>飲まずにはいられない</u>よ。

3）<u>好むと好まざるとにかかわらず</u>きっちり払っているのに、～
　・好むと好まざるとにかかわらず＝本人の意思とは関係なく
　　例：<u>好むと好まざるとにかかわらず</u>、彼は父親の会社を継がなければならない。
　・～にかかわらず＝～に関係なく
　　例：・年齢や性別<u>にかかわらず</u>、優秀な人材を探している。
　　　　・試合は天候<u>にかかわらず</u>行われる。

4）そこまで<u>手が回らない</u>事業者が多いというのが～
　・手が回る＝注意、手配が行き届く
　　例：仕事が忙しくて、家事に<u>手が回らない</u>。

その他

📀CD2-12　1番　呼吸法

先生が、講演会で「呼吸法」について話しています。この先生は、**どんな呼吸法がよりリラックス効果が高い**と言っていますか。　　　　　　　　　　　　　　　　　← 聞き取る課題

　呼吸法の一つに深呼吸というのがあります。息を大きく吸って、吐く。吸うとき、両手を上に上げたり横に広げたりする人もいます。で、吐くとき腕を下ろす。これは胸で息をする**胸式呼吸**です。では、逆はどうでしょうか。まず息を吐く。吐き切ったら、吸う。こちらはおなかで息をする**腹式呼吸**です。どちらも気持ちが楽になりますね。最近の実験結果によると、後者のやり方のほうがよりリラックス効果が高いということがわかってきました。ですから、無理に息を大きく吸おうとしないで、吐いて足りなくなった分の息を補うという感覚で呼吸してみてはどうでしょうか。

☆ここに注目：胸式呼吸、腹式呼吸とは？

←キーセンテンス
後者＝腹式呼吸

⇩

ここがポイント❗

二つの「呼吸法」を挙げている。
・胸式呼吸……息を大きく吸って吐く。
・腹式呼吸……（息を）吐き切ったら吸う。
　　　　　⇩
キーセンテンス：後者のやり方のほうが、よりリラックス効果が高い。

正解へのアプローチ ✎

この先生は、どんな呼吸法がよりリラックス効果が高いと言っていますか。

1. 息を吐き切ってから吸う呼吸法 ……………………………………………… 腹式呼吸⇒○
2. 胸で息をする呼吸法 …………………………………………………………… 胸式呼吸⇒×
3. 息を大きく吸ってから吐く呼吸法 …………………………………………… 胸式呼吸⇒×
4. 両手を上げたり下ろしたりしながらする呼吸法 …………………………… 胸式呼吸⇒×

正解： 1

表現・語句

1) <u>後者</u>のやり方のほうが～
　・後者＝［二つ挙げたもののうち、2番目／後ろのものを指す］
　・前者＝［二つ挙げたもののうち、はじめのものを指す］
　　例：「この大学の入学試験には、一般入試と推薦入試があります。
　　　　<u>前者</u>（＝一般入試）には大学が準備した筆記試験と面接があります。
　　　　<u>後者</u>（＝推薦入試）は面接のみの試験です」

2) 呼吸<u>してみてはどうでしょうか</u>。
　・～てみてはどうでしょうか＝［相手に勧めるとき使う：あらたまった表現］
　　例：夜眠れないときは、少し運動<u>してみてはどうでしょうか</u>。

一言アドバイス ✓

　講演会などでの独話スタイルでは、「前者」「後者」など、それまでに出てきた内容を指し示す言葉が出てくることがあります。どの部分を指しているのかをきちんと理解しましょう。

その他

2番　食品の表示 (CD2-13)

アナウンサーが、テレビ番組で、食品の表示について教授にインタビューしています。<u>この教授の**説明と合っているものはどれ**</u>ですか。　←聞き取る課題

アナウンサー：先生、食品の表示にはいろいろなものがありますね。

教　授：はい。その中で、今日は**賞味期限**と**消費期限**についてお話ししたいと思います。　☆ここに注目：「賞味期限」と「消費期限」の違いは？

アナウンサー：賞味期限と消費期限ですか。似ていますけど、どう違うんですか。

教　授：**賞味期限**というのは、あくまで<u>味や風味の面からおいしく食べられる期限</u>のことなんです。ですから<u>賞味期限を過ぎたからといって、すぐに食べられなくなるというわけじゃない</u>んですよ。　←キーセンテンス①

アナウンサー：そうなんですか。では、**消費期限**のほうは？

教　授：そちらは<u>安全に食べられる期限</u>のことです。ですから<u>期限を過ぎたら食べないほうがいい</u>ですね。あっ、それから卵についてですが、<u>卵の**賞味期限**は生で食べられる期間</u>という意味ですから、<u>期限が切れたら必ず過熱して食べて</u>くださいね。　←キーセンテンス②　←キーセンテンス③

⇩

ここがポイント❗

賞味期限と消費期限の違いは？
キーセンテンス①：賞味期限……おいしく食べられる期限→期限を過ぎても食べられる
キーセンテンス②：消費期限……安全性からの表示→期限を過ぎたら捨てたほうがいい
キーセンテンス③：卵の賞味期限……生で食べられる期間→期限が切れたら加熱する

2番

正解へのアプローチ ✏️

この教授の説明と合っているものはどれですか。

1. 賞味期限が過ぎた食品は、すぐに捨てたほうがいい。……… これは消費期限のこと⇒×
2. 賞味期限が近づいた卵は、生で食べないほうがいい。
　……………………………………………………… 生で食べられる期間なので大丈夫⇒×
3. 賞味期限を過ぎた食品は、食べられるが味が落ちるかもしれない。
　………………………………………………………………… 教授の説明と一致⇒○
4. 賞味期限が過ぎても卵は生で食べられる。………… 期限が切れたら加熱して食べる⇒×

正解： 3

表現・語句

賞味期限を過ぎた<u>からといって</u>、すぐに食べられなくなるという<u>わけじゃない</u>んですよ。

・AからといってBわけじゃない／わけではない
　＝［A＝Bではない、A＝Bとは言えない（違う場合もある）］
　例：<u>大学を卒業したからといって</u>、就職できる<u>わけではない</u>。
　　　＝「大学を卒業した＝就職できる」ではない。
＊類似表現に「〜からといって…とは限らない」もある。

一言アドバイス ✓

　複数の情報がある場合、それぞれの情報を比較しながら正しく理解することが大切です。何についての情報なのか、どんな内容なのかに注意して聞きましょう。メモも忘れずに！

その他

3番　理想の枕

専門家が「理想の枕」について話しています。この専門家は、枕を選ぶときの**一番大切なポイントは何**だと言っていますか。　　　　　　　　　　　← 聞き取る課題

　理想の枕を選ぶには、いくつかのポイントがあります。まず、**素材**ですが、ポリエステルやウレタンなどの化学繊維のものと羽毛などの動物繊維のものがあり、天然素材のもののほうが、吸湿性や通気性に優れています。また、**高さ**が合わないと、頭痛や肩こりなどの原因になりますので、タオル1枚分、数ミリ単位での調整が必要です。枕の**形**もポイントの一つです。寝ているときに自然な姿勢を保てるように、自分の首や肩に合う四角いものを選んでください。

☆ここに注目：素材⇒吸湿性と通気性、高さ⇒頭痛や肩こりの防止、形⇒自然な姿勢を保つ

　このようにいろいろありますが、枕を選ぶ最も重要な点は何だと思いますか。それは、その枕が蒸れないものかどうか、ということです。睡眠中には、約コップ1杯の汗をかくと言われていますが、安眠を得るためには、この汗を素早く吸収し、湿気がこもらないように外へ逃がすことが重要なんです。これは自分では調整することができませんよね。ですから、まずこの点に注意して選ぶことをお勧めします。

←キーセンテンス

＊何が調整できない？

⇓

ここがポイント❗

ポイントは素材、高さ、形の三つある。
枕の「高さ」や「形」は、自分でも多少の調整は可能。では、「素材」は？
↓
キーセンテンス：最も重要なのは「汗の処理」。そのためには？

3番

正解へのアプローチ ✏️

この専門家は、枕を選ぶときの一番大切なポイントは何だと言っていますか。

1．枕の素材 …………………………… 自分では調整できない。「汗の処理」に重要 ⇒ ○
2．枕の重さ …………………………………………………「重さ」の話題はない ⇒ ×
3．枕の高さ …………………………… 自分で調整できる。汗の処理には関係ない ⇒ ×
4．枕の形 …………………………… 3と同様、自分で調整できる。汗の処理には関係ない ⇒ ×

正解： 1

表現・語句

1）<u>天然素材</u>のもののほうが、<u>吸湿性</u>や<u>通気性</u> <u>に優れています</u>。
- 吸湿性や通気性に優れている＝吸湿性や通気性がほかのものより高くて良い
- 天然素材＝人の手が加わっていない、自然のままの素材
- 吸湿性＝空気中の湿気を吸い取る性質
- 通気性＝ものの内部と外部の空気を互いに通す性質
- 〜に優れる＝［能力や価値などがほかより勝ること］
  ＊通常、「優れている」の形で使われる。

2）その枕が<u>蒸れない</u>ものかどうか、ということです。
- 蒸れる＝風通しが悪く、湿気や熱気がこもること

その他

4番 住まいの選び方

女子学生と男子学生が住まいの選び方について話しています。**この女子学生の考え方と合っているのはどれ**ですか。　← 聞き取る課題

女子学生：ねえねえ、テレビで見たんだけど、マンションに住むならどっちがいいと思う？
男子学生：えっ？　どっちって？
女子学生：**購入派**か**賃貸派**かってこと。マンションって、住んだことないから憧れちゃう。ああ、早く独立して住んでみたいなあ。安全だし、暖かくて暖房いらずだって言うじゃない？

☆ここに注目：
　購入派か賃貸派か
←キーセンテンス①

男子学生：まあね。で、どう違うの？
女子学生：ああ、**購入派**はね、買っちゃえば壁に何か貼るのも気にしなくていいし、改装も自由だけど、賃貸はお金払っても自分の物にならないから無駄だって。で、**賃貸派**はね、何かあったら管理会社に言えばいいから楽だし、そういう経費を考えると長期的には安上がりだって。どう思う？

＊テレビで言っていた購入派と賃貸派の意見

男子学生：ふ〜ん。どうかなあ、どっちかっていうと購入派かなあ。ほんとはマンションじゃなくて庭のある一戸建てのほうがいいけどね。

＊男子学生の意見

女子学生：えー、そう？　やっぱりマンションじゃない？でも、私は飽きっぽいし、一つの場所にずっと縛られるのはちょっと、ね。

←キーセンテンス②

⇩

ここがポイント ❗

女子学生の考えは？
キーセンテンス①：マンションに住んでみたい。マンションは安全だ。暖かい。
　　　　　　　　マンションを買う派？　借りる派？
　　　　　　　　　　　　↓
キーセンテンス②：一つの場所にずっと縛られるのはちょっと（いやだ。できない）、ね。

4番

正解へのアプローチ ✏️

この女子学生の考え方と合っているのはどれですか。

1．マンションを買う。……………………………… 一つの場所にずっと住みたくない⇒×
2．マンションを借りる。…………………………… キーセンテンス②と一致⇒○
3．一戸建(いっこだ)てを買う。………………………………… 男子学生の意見⇒×
4．一戸建てを借りる。……………………………… 二人の意見と不一致⇒×

正解： 2

表現・語句

1）暖房<u>いらず</u>だって<u>言うじゃない</u>？
- いらず＝いらない。不要
- 〜ず＝〜ない
   例：飲ま<u>ず</u>食わ<u>ず</u>＝飲まないし、食べない
- 言うじゃない（↑）［インフォーマルな会話表現］＝言うではないか＝言いますよね
*文末が下がるイントネーション［断定するとき］
*文末が上がるイントネーション［否定疑問文のとき］

2）長期的には<u>安上がり</u>だって。
- 安上がり＝少ない費用で済むこと
   例：目的地までいろいろな行き方があるが、一番<u>安上がり</u>な方法で行くつもりだ。

一言アドバイス ✓

　誰が何について話しているのかを、しっかり理解しましょう。自分の考えを話しているのか、自分が得た情報を伝えているのかに注意！

その他

5番　睡眠

先生が睡眠について話しています。この先生は、人は何のために睡眠をとると言っていますか。

　私たちは一生涯にどのくらい寝ていると思いますか。1日7時間寝ると仮定すると、1年で約3カ月の2,555時間、80年生きるとすると23年間も寝ていることになります。では、私たちは何のために寝るのでしょうか。睡眠は脳を休ませるためと思いがちですが、そうではありません。私たちの脳は寝ている間に二つのことを行っています。一つは脳の海馬（かいば）というところに一時保存された情報を、整理して長期保存できる大脳に移動させることです。ですから、きちんと睡眠をとらないと大切な思い出も長い記憶として残せないことになります。もう一つの睡眠の目的は、体の補修です。脳は睡眠中に成長ホルモンを出し、血管の傷を修復したり、免疫力を強くしてがん細胞と闘ったりしているのです。成長ホルモンがたくさん分泌されるのは夜11時から朝5時までなので、その時間帯に十分な睡眠をとらないと、生活習慣病や心筋梗塞（しんきんこうそく）、脳卒中（のうそっちゅう）などのリスクが高まると言われています。

← 聞き取る課題

☆ここに注目：睡眠中の脳の働き

←キーセンテンス①

←キーセンテンス②

ここがポイント！

睡眠中の脳の二つの働きが聞き取れれば、睡眠の目的がわかる。
　　キーセンテンス①：一つ目の睡眠の目的
　　キーセンテンス②：二つ目の睡眠の目的

5番

正解へのアプローチ ✏️

この先生は、人は何のために睡眠をとると言っていますか。

1．脳を休ませるためと、大脳に情報を記憶させるため……　脳を休ませるためではない⇒×
2．大脳に情報を記憶させるためと、体の補修をするため…　キーセンテンス①②と一致⇒○
3．体の補修をするためと、免疫力を強くするため………………　それだけではない⇒×
4．脳を休ませるためと、体を休ませるため……………　脳や体を休ませるためではない⇒×

正解：　2

表現・語句

1）私たちは<u>一生涯</u>にどのくらい寝ていると思いますか。
　・一生涯＝生きている間中（あいだじゅう）

2）1日7時間寝る<u>と仮定すると</u>、～
　・～と仮定する＝事実と関係なく、～だと仮に決める

3）脳の<u>海馬</u>（かいば）というところに一時<u>保存</u>された情報を整理して、～
　・保存する＝そのままの状態にしておく、保つ
　　例：一時<u>保存</u>、長期<u>保存</u>など

4）成長ホルモンがたくさん<u>分泌される</u>のは夜11時から朝5時までなので、
　・分泌する＝生物がホルモンや汗を出す

5）生活習慣病や心筋梗塞（しんきんこうそく）、脳卒中（のうそっちゅう）などの<u>リスク</u>が<u>高まる</u>と言われています。
　・リスク＝危険、危険性
　・高まる＝程度が高くなる、大きくなる、強くなる
　　例：・本番が近づくにつれ、緊張が<u>高まって</u>きた。
　　　　・彼がすばらしい記録を作り、国民の金メダルへの期待が<u>高まった</u>。

その他

6番　日本のアニメの特徴

先生が日本のアニメの特徴について話しています。この先生は、日本のアニメの**特徴は何**だと言っていますか。

← 聞き取る課題

　日本のアニメに出てくる少女たちは目が大きくきらきらしていますね。このような**キャラクター**は、西洋人が持つ華やかな顔立ちやスタイルの良さへの憧れと、現実の日本人の女性が持つ外見の子どもっぽさが入り交じってできているように思えます。こうして成立した「西洋の子どものような成人女性」がファンを惹きつけています。また、**ストーリー**に関しては、日本人の物語に対する成熟した考えが見られます。巧みな話の展開に大人までもが引き込まれ、思わずキャラクターに感情移入してしまうのです。日本のアニメは、キャラクターに子どもっぽさを感じさせながらも中身は成熟していると言えるでしょう。

☆ここに注目：キャラクターとストーリーに特徴がある

＊西洋の女性の顔立ち、スタイル

＊日本人の女性の子どもっぽい外見

＊成熟したストーリー

←キーセンテンス

⇩

ここがポイント❗

日本のアニメの特徴は……
キャラクター：顔立ちとスタイルは西洋の女性＋日本の女性の子どもっぽい外見
ストーリー：日本人の成熟した考えが反映されている。
↓
キーセンテンス：キャラクターは子どもっぽいが、中身は成熟している。

正解へのアプローチ ✏️

この先生は、日本のアニメの特徴は何だと言っていますか。

1．キャラクターは幼く見えるが、ストーリーは成熟している。… キーセンテンスと一致⇒○
2．キャラクターは成熟しているが、ストーリーは幼い。………… キーセンテンスと反対⇒×
3．キャラクターは西洋的だが、ストーリーは日本的だ。
　　……………………………………… キャラクターの特徴もストーリーの特徴も不一致⇒×
4．キャラクターは日本的だが、ストーリーは西洋的だ。
　　……………………………………… キャラクターの特徴もストーリーの特徴も不一致⇒×

正解：　1

表現・語句

1）日本のアニメに出てくる少女たちは目が大きくきらきらしています。
　・きらきら＝小さい光が断続して美しく光る様子（星、宝石、ガラスなど）
　　例：夜空にはいくつもの星がきらきら輝いている。

2）「西洋の子どものような成人女性」がファンを惹きつけています。
　・惹きつける＝人の心を自分のほうへ向けさせる、相手の注意を自分に向けさせる
　　例：人気のある俳優は、人を惹きつける魅力を何か持っているものだ。

3）日本のアニメは、キャラクターに子どもっぽさを感じさせながらも中身は成熟している～
　・～ながらも＝～けれども、のに
　　例：あの子は子どもながらも、社会の問題を真剣に考えていて、感心する。

その他

7番　レポートの書き方

女子学生と先生がレポートの書き方について話しています。**この女子学生は、雑誌の翻訳者の名前をどこに書きますか。**　　← 聞き取る課題

女子学生：すみません、レポートの書き方についてちょっとうかがいたいことがあるんですが。
先　　生：はい、何かな。
女子学生：あの、参考文献のところなんですが。
先　　生：ちょっと見せて。えーと、著者名、書名、引用ページ……ああ、これでいいよ。あっ、書名の次に発行所名も書くようにね。それから、翻訳者名はその次に。　　＊書籍の参考文献の書き方
女子学生：専門雑誌から引用した部分もあるんですが。
先　　生：雑誌の場合は、執筆者名の次に、論文名や記事名を書いて、翻訳者がいる場合はその次ね。あとは同じでいいよ。　　←キーセンテンス
女子学生：わかりました。ありがとうございます。
先　　生：もし、インターネットのサイトなどを使う場合はちょっと違うから、また聞きに来なさい。　　＊インターネットの場合は、別の書き方がある
女子学生：はい、ありがとうございます。

⇩

ここがポイント❗

前半は、一般の書籍の参考文献の書き方。「雑誌」の参考文献の書き方を話している部分は？
↓
キーセンテンス：①執筆者、②論文名や記事名、③翻訳者名

7番

正解へのアプローチ

この女子学生は、雑誌の翻訳者の名前をどこに書きますか。

1. 執筆者名の次　………………………………　執筆者名の次は論文名や記事名⇒×
2. 論文名や記事名の次　………………………………………………………　⇒○
3. 発行所名の次　……………………　発行所名の次に翻訳者名を書くのは雑誌ではない⇒×
4. 引用ページの次　………………………………………　引用ページは翻訳者名の次⇒×

正解： 2

表現・語句

1) あの、<u>参考文献</u>のところなんですが。
   ・参考文献＝参考にした本や雑誌など

2) 著者名、書名、<u>引用</u>ページ…書名の次に<u>発行所名</u>も書くようにね。
   ・引用＝自分の話や文章の中で、他人の文章や言葉などを使うこと
   ・発行所＝書籍を印刷して世に出すところ

3) 雑誌の場合は、<u>執筆者名</u>の次に、論文名や記事名を書いて、～
   ・執筆者＝文章を書いた人

4) もし、インターネットのサイトなどを使う場合は、ちょっと違うから、また聞きに来<u>なさい</u>。
   ・～なさい＝［命令、指示を表す］
   　例：・テレビばかり見ていないで、早く勉強し<u>なさい</u>。
   　　　・文を読んで、内容を100字に要約し<u>なさい</u>。

その他

8番 コミュニティーについての考え方
（CD2-19）

先生が日本人のコミュニティーに対する考え方について話しています。<u>この先生は、日本人は**二つのコミュニティーをどのようにとらえている**</u>と言っていますか。　← 聞き取る課題

　私たち日本人は、コミュニティーというものを二つに分けてとらえているのではないかと思います。一つは「**世間**」、もう一つは「**社会**」です。皆さんはサークルの仲間やクラスの友だちといっしょにいるときには、意識して相手のことを考えようとしますよね。このような集団が「**世間**」です。一方、電車の中で老人が立っていても席を譲(ゆず)ろうとしなかったり、たくさんの人が見ている中でも平気で化粧(けしょう)したりする人もいますが、こちらは「**社会**」です。
　<u>「**世間**」は自分と利害関係のある集団ですから、その仲間へは高い関心を持ち、その中で役に立とうとします。しかし、「**社会**」はそういった関係がない公の世界ですから、その場にいる人には関心が全くありません。</u>それで、平気で化粧もできるわけです。これは、公の場での道徳心が欠如しているということであり、日本人の恥ずかしい一面でもあります。

☆ここに注目：二つのコミュニティー

←キーセンテンス

⇩

ここがポイント ❗

二つのコミュニティーの違いは？
キーセンテンス：世間…自分と利害関係がある→関心がある→道徳心がある→役に立とう
　　　　　　　　社会…自分と利害関係がない→関心がない→道徳心がない→電車で化粧

8番

正解へのアプローチ ✏️

この先生は、日本人は二つのコミュニティーをどのようにとらえていると言っていますか。

1．「世間」には利害関係がないが、「社会」には利害関係がある。………………… ⇒×
2．「世間」には関心を持つが、「社会」には無関心だ。……………………………… ⇒○
3．「世間」では役に立とうとしないが、「社会」では役に立とうとする。………… ⇒×
4．「世間」では道徳心がないが、「社会」では道徳心がある。……………………… ⇒×

＊「ここがポイント」から正解を導こう！

正解： 2

表現・語句

1）電車の中で老人が立っていても席を譲ろうとしなかったり、〜
　・〜う／ようとしない＝そうする意思がない
　　例：うちの息子はいくらうるさく言っても、ちっとも勉強しようとしない。

2）たくさんの人が見ている中でも平気で化粧したりする人もいます〜
　・平気＝苦しいことや具合の悪いことがあっても気にかけずに、いつもと同じように落ち着いていること、態度や気持ちが変わらないこと
　　例：どんなに寒いときでも、AさんはTシャツ一枚で平気な顔をしている。

3）その中で役に立とうとします。
　・〜う／ようとする＝実現してみようと試みたり努力したりする
　　例：彼女は30歳になる前に、なんとか結婚しようとしている。

その他

9番　風邪とインフルエンザの違い

病理学の教授が話をしています。<u>この教授は、**風邪とインフルエンザの違いは何**だと言っていますか。</u>	← 聞き取る課題
今、話題になっているインフルエンザですが、えー、こちらがインフルエンザウイルスの拡大写真です。基本的なことですが、**細菌**と**ウイルス**が違うことは知っていますね。**細菌**というのは細胞を持っていて、自分で細胞分裂して増殖していきますが、**ウイルス**は自分で増えることができません。必ずほかの生き物の細胞の中に入り込んで、その細胞の機能を使って自分の複製品を作っていきます。インフルエンザは、このウイルスによって起こる伝染病です。ウイルスは人などの細胞に入って増殖し、また次の細胞に入って増えるといったことを繰り返します。そして、ウイルスが増えれば増えるほど病状が悪化していくわけですね。では、風邪とインフルエンザは何が違うのでしょうか。<u>風邪の原因には**ウイルス**も**細菌**もあります</u>。コロナウイルスなどのさまざまなウイルスや、細菌がその原因になります。それに対して、<u>インフルエンザの原因はインフルエンザ**ウイルス**のみなのです</u>。	☆ここに注目：細菌とウイルスの違い ←キーセンテンス① ←キーセンテンス②

⇩

ここがポイント❗

風邪とインフルエンザの違いは、細菌とウイルスに関係がある？
⇩
キーセンテンス①：風邪の原因
キーセンテンス②：インフルエンザの原因

9番

正解へのアプローチ ✏️

この教授は、風邪とインフルエンザの違いは何だと言っていますか。

1．風邪は細菌、インフルエンザはウイルスが原因で起こる。
　　　　　　　　　　　　　　　　　　　　　　　　　　　風邪の原因は細菌とウイルス⇒×
2．風邪は細菌とウイルス、インフルエンザはウイルスが原因で起こる。…………… ⇒○
3．風邪は細菌とウイルス、インフルエンザは細菌が原因で起こる。
　　　　　　　　　　　　　　　　　　　　　　　　　　　インフルエンザはウイルスのみ⇒×
4．風邪は細菌、インフルエンザは細菌とウイルスが原因で起こる。
　　　　　………………　風邪の原因は細菌とウイルス、インフルエンザの原因はウイルスのみ⇒×

__正解：　2__

表現・語句

1）自分で<u>細胞分裂</u>して<u>増殖</u>していきますが、～
　・細胞分裂＝細胞が分かれること
　・増殖する＝増える

2）その細胞の機能を使って自分の<u>複製品</u>を作っていきます。
　・複製品＝別に作った同じもの

3）インフルエンザはこのウイルス<u>によって</u>起こる<u>伝染病</u>です。
　・～によって／～による＝～が原因になって
　　例：・たばこの火の不始末によって火災が発生し、多くの死者が出た。
　　　　・年末になると、飲酒運転による事故が増える。
　・伝染病＝動物から動物にうつる病気

その他

10番 履修科目を決める

> 男子学生と女子学生が体育の選択授業について話しています。この女子学生は、どの科目を履修することにしましたか。

← 聞き取る課題

男子学生：必修選択の体育、何取るか決めた？
女子学生：**バスケット**を取りたいんだけど、土曜の朝イチだから、どうしようかと思ってて……。

☆ここに注目：候補に挙がっている科目は四つ

男子学生：朝イチか。
女子学生：しかも、土曜でしょ。ちょっと自信がないのよね。
男子学生：じゃ、3限の**テニス**は？ 昼からだから、余裕なんじゃない？
女子学生：そうね。テニスなら上手くなれば友だちともできるし、いいかもね。
男子学生：あ、待った！ <u>それ</u>って木村先生だったよね。すごく人気があるし、定員が決まってるから、取るのが大変だって先輩、言ってたよ。

それ＝テニスの授業

女子学生：そうなんだ……。**バレー**も**水泳**もほかの授業とダブっちゃうし。<u>じゃ、やっぱり朝イチでもこっちにしよう。</u>

←キーセンテンス

⇩

ここがポイント ❗

候補に挙がっている四つの科目を検討する。
・バスケット：土曜の1限　→土曜の朝イチなので、自信がない
・テニス：土曜の3限（昼）　→いいと思うが、人気があるから取るのが大変
・バレーボール、水泳：ほかの授業と重なる　→履修できない
↓
キーセンテンス：テニス、バレー、水泳は×。結局朝イチの授業に決めた。

正解へのアプローチ

この女子学生は、どの科目を履修することにしましたか。

1. テニス……………………………… 定員があって、取るのが難しいのであきらめた⇒×
2. バスケットボール……………………………… キーセンテンス：朝イチでもこれにする⇒〇
3. バレーボール……………………………………… ほかの科目と重なる⇒×
4. 水泳……………………………………………… ほかの科目と重なる⇒×

正解： 2

表現・語句

1) <u>必修選択</u>の体育、何取るか決めた？
   ・必修選択＝必修授業の選択授業（いくつかの科目の中から自分で選ぶことができるが、必ずどれかを履修しなければならない）

2) 土曜の<u>朝イチ</u>だから、どうしようかと思ってて……。
   ・朝いち＝朝一番早い時間
   例：・明日は<u>朝イチ</u>で会議がある。
       ・予約が取れないと困るから、明日<u>朝一</u>で電話しよう。

3) 昼からだから、<u>余裕</u>なんじゃない？
   ・余裕＝気持ちや時間などにゆとりがある、心配がない
   例：そんなことは全然問題ない。<u>余裕</u>だよ。

4) バレーも水泳もほかの授業と<u>ダブっちゃう</u>し。
   ・ダブる＝重なる、重複する
   例：私も友だちの分のチケットを買ったのに、友だちも私の分を買ってくれて、結局チケットが<u>ダブって</u>しまった。

一言アドバイス

大学生活で必要な語彙がいくつかあります。覚えておきましょう。

履修する　単位　必修科目　選択科目　進級する　留年する
（第一・第二）外国語　（単位を）取る／落とす　休講　補講　追試

その他

11番　ゴミの捨て方

大家さんと男性がアパートのゴミ置き場で話しています。この男性は、**今から何をしますか**。　　←聞き取る課題

男性：大家さん、おはようございます。
大家：あっ、田中さん、おはようございます。あらっ、
　　　それ、**燃えるゴミ**？　　　　　　　　　　　　☆ここに注目：男性が持っているゴミは？
男性：ええ、そうですけど。
大家：あら、燃えるゴミはね、市で指定された黄色い袋　　←キーセンテンス①
　　　に入れて、このネットの中に入れてくださいね。
男性：そうなんですか。
大家：それから、必ず朝、出してね。夜出すと、ネコや
　　　カラスが食い散らかしちゃうから。
男性：わかりました。
大家：えーと、**燃えるゴミ**は、月、木だから、明日の朝ね。　←キーセンテンス②
　　　8時までにお願いね。ああ、それから、そっちの
　　　手に持ってる**ビンとカン**は、そのままいつでもネ　　←キーセンテンス③
　　　ットの中の専用袋に入れていいわよ。
男性：あっ、そうですか。それじゃ。

⬇

ここがポイント❗

男性が持っているゴミは2種類。それぞれどのように出す？
・燃えるゴミ：そのままでは捨てられない。出すのは明日の朝（キーセンテンス①②）
・ビンとカン：曜日と時間にかかわらず、いつでも出していいことになっている（キーセンテンス③）
↓
課題は「今から」何をするかなので……

11番

正解へのアプローチ

この男性は、今から何をしますか。

1. 指定された袋に燃えるゴミを入れて、出す。
   ……………………………………… キーセンテンス②：今は出してはいけない⇒×
2. ネットの中に、そのまま燃えるゴミを入れる。
   ……… キーセンテンス①②：そのまま出してはいけないし、今出すことはできない⇒×
3. ネットの中に、そのままビンとカンを入れる。
   ……………………………… キーセンテンス③：そのままネットに入れてはいけない⇒×
4. 指定された袋に、ビンとカンを入れる。
   ……………………………… キーセンテンス③：いつでもネットに入れていい⇒○

正解： 4

表現・語句

1) ネコやカラスが<u>食い散らかし</u>ちゃうから。
   ・食い散らかす＝食べ物を食べこぼしたりして、あたりをよごす

2) 「ゴミ」に関する言葉
   ・焼えるゴミ＝可燃ゴミ
   ・焼えないゴミ＝不燃ゴミ
   ・資源ゴミ＝リサイクルできるゴミ
   ・粗大ゴミ＝大型のゴミ

一言アドバイス

　日本のゴミ捨てのルールを知っていますか。日々の生活の中で（駅で、電車の中で、レストランで、買い物に行って、など）体験していることを意識してみてください。日本の文化や習慣についてのいろいろな情報があるはずです。また、インターネットや雑誌などでも、日本の生活習慣についてチェックしてみましょう。

その他

12番 拾った財布をどうするか

男子学生と女子学生が話しています。**この男子学生は、どうする**ことにしましたか。　　　　　　　　　　　　← 聞き取る課題

男子学生：教室で財布拾ったんだけど、どこに持っていったらいいのかな？
女子学生：もらっちゃえば？
男子学生：そうはいかないよ。ぼくも財布落として大変な目にあったことがあるから。困ってるよ、落とした人……。
女子学生：そうね。じゃ、**学生部**に持って行ったら？　　　　☆ここに注目：
男子学生：えっ、落とし物って**総務部の総務課**じゃないの？　　学生部（教務課・
女子学生：学生のものなら、やっぱり学生部なんじゃない？　　　学生課・厚生課）、
男子学生：そうか。でも、学生部って言っても三つに分かれてた　　総務部（総務課）
　　　　　よね。授業のことじゃないから、**教務課**じゃないか。
女子学生：うん、そうだね。学生のことだから**学生課**かな？
　　　　　あっ、でも、お金関係だったら**厚生課**かも。
男子学生：じゃあ、とりあえず、厚生課に持ってってみるか。
女子学生：あっ、待って。そういえば、こないだ厚生課で、落　　←キーセンテンス①
　　　　　とし物はうちじゃないって言われてる人がいたよう
　　　　　な……。
男子学生：そう。じゃ、こっちに持ってくか。　　　　　　　　　←キーセンテンス②

⇩

ここがポイント❗

どこに財布を届けるか整理する。
①総務部　総務課？　⇒学生のことだから総務ではない　⇒×
②学生部　教務課？　⇒授業のことではないから違う　⇒×
③学生部　学生課？　⇒学生のことだからここ？
④学生部　厚生課？　⇒お金のことだからここ？
　　　　　　　　↓
キーセンテンス①：厚生課は、女子学生の話によると……
キーセンテンス②：「こっち」に持っていく。「こっち」とは？

正解へのアプローチ ✏️

この男子学生は、どうすることにしましたか。
1．総務課へ行く。……………………………………………「ここがポイント①」⇒×
2．教務課へ行く。……………………………………………「ここがポイント②」⇒×
3．学生課へ行く。………………………キーセンテンス②：「こっち」とは学生課のこと⇒○
4．厚生課へ行く。………………………………………………… キーセンテンス①⇒×

正解： 3

表現・語句

1) 大変な目にあったことがあるから。
   - （大変な／ひどい／つらい…）目にあう＝〜体験をする
     例：電車は遅れるし、足は踏まれるし、本当にひどい目にあった。

2) とりあえず、厚生課に持ってってみるか。
   - とりあえず＝（完全ではないが）今はまず／まず先に
     例：・時間がないので、とりあえずポイントだけ説明します。
        ・何人来るかわからないが、とりあえず店の予約だけしておこう。

3) そういえば、こないだ厚生課で、落とし物はうちじゃないって言われてる人がいたような……。
   - そういえば＝［それまでの話の内容に関連することを何か思い出したり、気がついたりしたことを話すときに言う（会話表現）］
   - うち＝自分のところ。自分の所属するグループ、組織（ここでは「厚生課」のこと）
   - いたような……＝いたような気がする、いたように思う

4) じゃ、こっちに持ってくか。
   - 持ってく［「〜ていく」のインフォーマルな会話表現］＝持っていく

その他

13番 駐車場を借りる

男子学生と大学職員が大学内の駐車場について話しています。この男子学生は、**このあとどうしますか**。　　←聞き取る課題

男子学生：すみません。来週の月曜日に校内の駐車場を使いたいんですが。

職　　員：原則として学生は使えないことになっているんです。大学の近くの駐車場を使ってください。

男子学生：あの、卒業制作の作品を運ぶためなんです。担当教授のサインがあればいいと聞いたので、もらってあるんですが。あっ、これです。　　＊大学の駐車場を使う許可は取ってある

職　　員：じゃ、大丈夫です。ではこの申込書に記入してください。……ああ、その日はもういっぱいですね。火曜日なら空いていますよ。　　←キーセンテンス①

男子学生：じゃ、教授に相談してみます。あっ、今週一杯、海外出張だった。連絡がつくかなあ。　　←キーセンテンス②

職　　員：大学の近くの有料駐車場を利用したらどうですか。あそこなら大学と提携していますから、事前に予約もできますよ。　　←キーセンテンス③

男子学生：そうですか。じゃ、教授と連絡が**とれなかったら**、そうします。　　←キーセンテンス④
☆ここに注目：条件付き

⇩

ここがポイント❗

キーセンテンス①：申込書に記入しようとするが、その日はもういっぱい ⇒ 借りられない
キーセンテンス②：教授に相談したいが、教授は出張中 ⇒ 連絡がとれるかどうか？
キーセンテンス③：有料駐車場を勧められる ⇒ 一番借りたいのは大学の駐車場
キーセンテンス④：教授と連絡がとれなかったら、そうする ⇒ 有料駐車場を利用する

正解へのアプローチ ✏️

この男子学生は、このあとどうしますか。

1. 担当教授のサインをもらう。……………………………… もうもらってある⇒×
2. 担当教授と連絡をとる。……………………………… 最終決定と合っている⇒○
3. 大学の近くの駐車場を予約する。……………… 教授と連絡がとれなかった場合のみ⇒×
4. 申込書に記入する。…………………… 希望日はいっぱいなので、まだ申し込めない⇒×

正解： 2

表現・語句

1）学生は使えない<u>ことになっている</u>んです。
- 〜ことになっている＝規則や慣習などで決まっている
  例：この小学校では、毎朝10分間全員で体操する<u>ことになっている</u>。

2）「連絡」を使った表現
- （人）に連絡（を）する、（人）と連絡をとる、（人）と連絡がつく
  例：A「高橋さん<u>に連絡した</u>？」
   　B「うん。でも、まだ<u>連絡がつかない</u>んだ。あとでもう一度<u>連絡して</u>みるよ」

一言アドバイス ✓

「このあと、どうしますか」というタイプの問題では、状況によって話がどんどん変化していきます。また、「〜たら…します」といった条件付きの決定もよくあることです。キーワードに注意して聞きましょう。

その他

14番　健康診断の説明 [CD2-25]

係員が健康診断の説明をしています。<u>健康診断を受ける学生は、**これからまず何を**しますか。</u>　　← 聞き取る課題

　今日の健康診断ですが、まず201号室で**身長**、**体重**をはかります。その後、隣の教室で**視力**、**聴力**の検査をして**採血**をします。それが終わったら、外に止めてある検診車で**レントゲン**を撮って、最後に簡単な**内科**の診察があります。以上で終わりです。結果は後(のち)ほど個々に連絡します。<u>では、ここに病歴などを記入する**問診票**がありますので、各自で記入の上、201号室で身長と体重をはかってください。</u>あっ、服は着たままでけっこうです。

☆ここに注目：健康診断の項目

←キーセンテンス
☆ここに注目：「問診票」記入は、健康診断の前？　あと？

⇩

ここがポイント❗

「身長、体重の測定」から「内科の診察」までの健康診断の流れは、
　　　　①身長・体重の測定
　　　　②視力・聴力検査
　　　　③採血
　　　　④レントゲン撮影
　　　　⑤内科の診察
「身長、体重の測定」より前に、まず、することは？
　　　　　↓
キーセンテンス：問診票を記入してから身長、体重をはかる。

正解へのアプローチ

健康診断を受ける学生は、これからまず何をしますか。

1. 身長、体重をはかる。………………………………… 問診票に記入してから⇒×
2. 視力、聴力の検査をする。…………………………… 身長・体重の次⇒×
3. 問診票を書く。………………………………………… キーセンテンスと一致⇒○
4. 内科の診察を受ける。………………………………… レントゲンの次⇒×

正解： 3

表現・語句

1）視力、聴力の検査をして採血をします。
  ・採血＝検査や輸血のために血を採ること

2）外に止めてある検診車でレントゲンを撮って、〜
  ・レントゲン＝X線写真（X ray）

3）ここに病歴などを記入する問診票がありますので、〜
  ・病歴＝これまでにどういう病気にかかったことがあるか
  ・問診＝医者が診断のためにいろいろ質問をすること

4）結果は後ほど個々にご連絡します。
  ・個々＝一人一人。一つ一つ。
    例：・少数派の個々の意見を大切にする。
      ・時間の関係で、ご質問に個々にお答えすることはできません。

その他

15番　会場への行き方

女子学生が男子学生と話しています。二人は明日、会場へ何で行きますか。　　← 聞き取る課題

女子学生：明日の演奏会、会場に10時集合だよね。
男子学生：うん、**電車**で行くでしょ？　　☆ここに注目：交通手段は三つ
女子学生：うーん、そうだねー。でも、本数が少ないから、1時間も早く着いちゃうんだよね。　　←キーセンテンス①
　　　　　ねえ、**車**持ってたよね。楽器もあるし、車はどう？
男子学生：ああ、明日は弟が使うんで……ごめん。　　＊男子学生の車は使えない
女子学生：そっか。あっ、吉田君も車で行くって言ってたよね。
男子学生：うん。だけど、少し遅れるらしいよ。　　＊吉田君の車も使えない
女子学生：あっ、じゃ、**バス**は？　会場の前まで行くし、確か時間もちょうどいいはず……。
男子学生：そうだね。じゃ、そうしようか。でも、ちょっと待てよ。日曜日の朝だから、ひょっとして道が込むかもしれないね。じゃ、やっぱり……。　　＊道が込むかもしれない
　　　　　じゃ、やっぱり……＝じゃ、やっぱり○○で行こう
女子学生：そうね。遅れるよりはいいもんね。　　←キーセンテンス②

⇩

ここがポイント❗

交通手段三つのうち、
キーセンテンス①：「電車」は1時間も早く着く
⇩
「車」と「バス」を検討するが……
キーセンテンス②：（道が込んで遅れると困るので）遅れるより早く着く行き方を選ぶ。

正解へのアプローチ

二人は明日、会場へ何で行きますか。

1. 電車……………… キーセンテンス①②：１時間早く着くが、遅れるよりはいい⇒○
2. 男子学生の車…………………………………… 明日は弟が使うから、使えない⇒×
3. 吉田君の車……………………………………………… 少し遅れて行くらしい⇒×
4. バス……………………………… 道が込むかもしれないから遅れる可能性あり⇒×

正解： 1

表現・語句

1）明日は弟が使う<u>んで</u>……ごめん。
   - 〜んで［インフォーマルな会話表現］＝〜ので
     例：すごくおいしかった<u>んで</u>、全部食べちゃった。
   - ごめん＝ごめんなさい［略した形。謝罪するときに使う］

2）<u>確か</u>時間もちょうどいいはず……。
   - 確か＝［もしかしたら違うかもしれないが、多分そうだろう、という気持ちを表す］
     例：A「田中さんのお子さんは何歳ですか？」
        B「<u>確か</u>、今年から中学生だと言っていましたよ」

3）<u>ひょっとして</u>道が込むかもしれないね。
   - ひょっとして＝もしかして
     例：<u>ひょっとして</u>火事にでもなったら大変ですから、ちゃんと火を消してくださいね。

その他

16番　本屋からの留守番電話
CD2 27

学生の留守番電話に、本屋の店員から伝言が入っていました。この学生は、**これからどうします**か。　←聞き取る課題

（ピー）いつもありがとうございます、品川書店でございます。先日お問い合わせいただいた雑誌の件でお電話いたしました。出版社に確認したところ、在庫があるとのことですので、<u>ご**注文**なさるかどうか、お返事をいただけますでしょうか</u>。ご**注文**の場合は通常1週間程かかりますが、雑誌が届き次第こちらからご連絡いたします。なお、配達は行っておりませんので、書店まで来ていただく形になります。お支払いは<u>そのとき</u>で結構です。それでは、よろしくお願いいたします。失礼いたします。

＊問い合わせの返事
←キーセンテンス
☆ここに注目：「注文」した場合の説明

そのとき＝雑誌を取りに来たとき

⬇

ここがポイント ❗

この伝言で、本屋の店員が伝えていることを整理する。
・問い合わせの雑誌の在庫はある。
・注文するかの返事がほしい。
＜注文する場合＞
・届き次第連絡する。
・配達はしていないので、書店に来てほしい。
・支払い（＝代金）は、雑誌を取りに来たとき。
　　本屋の店員が、学生にしてほしいことは？

正解へのアプローチ

この学生は、これからどうしますか。

1. 本屋に注文するかどうか連絡する。………………………… キーセンテンスと一致⇒○
2. 本屋からの連絡を待つ。………… 取り寄せた場合のみ、雑誌が届いたら連絡が来る⇒×
3. 本屋に配達を頼む。………………………………………… 配達はしていない⇒×
4. 本屋へ行ってお金を払う。………………………………… 取り寄せた場合のみ⇒×

正解： 1

表現・語句

1）雑誌が届き<u>次第</u>こちらからご連絡いたします。
　・〜次第＝〜したらすぐに
　　例：結果がわかり<u>次第</u>、電話でお知らせします。

2）敬語表現
　・先日<u>お</u>問い合わせ<u>いただいた</u>＝お／ご〜いただく〔〜してもらう〕
　・書店まで来<u>ていただく</u>＝〜ていただく〔〜てもらう〕
　　例：・当店ではクレジットカードで<u>お</u>支払い<u>いただけます</u>。
　　　　・こちらにお名前を書い<u>ていただきたい</u>のですが……。

一言アドバイス

　上下関係がある場合や、店員と客などの会話では、敬語がよく使われます。普段からいろいろな敬語表現に慣れておきましょう。

その他

17番　学生割引の申請

男子学生が大学の職員に、電車の学割の申請の仕方について聞いています。この男子学生は、**いつ学割の書類をもらうことができますか。**　　←聞き取る課題

男子学生：すみません。今度の日曜日に新幹線で大阪へ行くんですが、どうやって学割を申請すればいいですか。

大学職員：学割ですね。じゃあ、こちらの申請書に学籍番号、学部、学科、学年、氏名、電話番号を書いてください。それから、乗車日程、行き先、目的も忘れずに書いてくださいね。**書類は3日後にお渡しできます。**書類を受け取るときには、必ず学生証を提示してくださいね。窓口は5時まで開いていますので。あっ、それから**土日は休み**ですから気をつけてくださいね。

←キーセンテンス①

☆ここに注目：「いつ」に関係のある言葉

＊今日から3日後の間に「土日」が入る？

男子学生：そうですか。わかりました。えっと、<u>今日は**火曜日**</u>だから……。　　←キーセンテンス②

⇩

ここがポイント❗

「いつ」書類をもらえるかについて、話しているところは？
- 書類は今日から3日後に渡される（キーセンテンス①）
- 窓口は土日休み
- 今日は火曜日（キーセンテンス②）

⇩

今日が火曜日なので、もらえるのは3日後の金曜日ということになる！

正解へのアプローチ ✏️

この男子学生は、いつ学割（がくわり）の書類をもらうことができますか。

1．今週の木曜日……………………………………………… これは火曜日の2日後⇒×
2．今週の金曜日……………………… キーセンテンス①②：火曜日の3日後は金曜日⇒○
3．来週の日曜日……………………………………………………… 土日は休み⇒×
4．今日の午後5時……………………… キーセンテンス①：書類ができるのは3日後⇒×

正解： 2

> **表現・語句**
>
> どうやって学割（がくわり）を申請すればいいですか。
> ・学割（がくわり）＝学生割引
> ・申請（する）＝国や公共団体などの機関に許可や認可などを願い出ること
>   例：A国へ行く場合、事前にビザを申請しなければならない。

一言アドバイス ✓

＜～前／～後＞

①3日後
　今日が5日なら……8日

②3日前
　今日が5日なら……2日

＊今日を含めないのがポイント！

その他

18番　店を探す
(CD2-29)

女子学生と男子学生が話しています。この**女子学生は、このあと、まずどうしますか**。　← 聞き取る課題

女子学生：今度サークルで飲み会をするんだけど、どこかいい店知らない？　もちろん安い店で。

男子学生：安い店か。じゃ、とりあえずクーポンをゲットだな。

女子学生：クーポンって**フリーペーパー**なんかについてる、お店の割引？　　☆ここに注目：クーポンは2種類ある

男子学生：それもあるけど、最近は**ネット**だよ。　　＊男子学生はネットのクーポンを勧めている

女子学生：へえ、ネットのクーポン……。

男子学生：うん。お店の都合で時間やメニューが限定されてるのもあるけど、うまくすれば通常の半額どころか90％ＯＦＦなんていうのもあるらしいよ。店側も効率よくお客さんを入れたいんだろうね。

女子学生：そうなんだ。知らなかった。じゃ、うちに帰ったらさっそく探してみるよ。　　←キーセンテンス①　＊家で探すのは？

男子学生：帰りに一応、**フリーペーパー**も、もらってったら？　　＊男子学生の新しい提案

女子学生：ああ、そうだね。いいのがあるかもしれないから、電車の中で見てみるね。　　←キーセンテンス②　＊電車の中で見るのは？

⇩

ここがポイント❗

キーセンテンス①：家でネットのクーポンを探してみる。
↓
家に帰る途中で、まずできることは？
キーセンテンス②：フリーペーパーのクーポンを見てみる。

18番

正解へのアプローチ ✏️

この女子学生は、このあと、まずどうしますか。

1. 家に帰ってネットでクーポンを探す。
   ………………………………… 家に帰るより先に、電車の中でできることがある⇒×
2. 電車の中で、携帯電話でクーポンを探す。
   ………………………… 電車で見るのはフリーペーパー。携帯電話ではない⇒×
3. 家に帰ってフリーペーパーでクーポンを探す。………… 電車の中で見ながら帰る⇒×
4. 電車の中で、フリーペーパーでクーポンを探す。………… キーセンテンス②と一致⇒○

正解： 4

表現・語句

1) <u>クーポン</u>を<u>ゲット</u>だな。
   - クーポン＝切り取り式の割引券
   - ゲット［インフォーマルな会話表現］＝手に入れること、得ること

2) クーポンって<u>フリーペーパー</u>なんかについてる、お店の割引？
   - フリーペーパー＝無料の雑誌などの小冊子

3) <u>うまくすれば</u>通常の半額<u>どころか</u>90% OFFなんていうのもあるらしいよ。
   - うまくする＝自分の都合よく進む
   - 〜どころか＝〜のような程度ではなく、もっと…
     例：・雨も風も弱まる<u>どころか</u>、どんどん強くなってきた。
     　　・このまま欠席が続くと、進学<u>どころか</u>ビザの更新もできなくなるよ。

4) 帰りに一応、フリーペーパーも、<u>もらってったら</u>？
   - もらってったら［インフォーマルな会話表現］＝もらって行ったら

その他

19番　レポートの期限

女子学生と男子学生が話しています。**この男子学生は、これからどうする**ことにしましたか。　　←聞き取る課題

女子学生：風邪はよくなった？
男子学生：うん、薬が効いたよ。熱も下がったし食欲も出てきたから風邪のほうはもういいんだけど……。
女子学生：けど？　けど、どうしたの？
男子学生：レポートの期限、今日までだったよね。
女子学生：あ、そうだよ。持ってきた？
男子学生：それが、4日も寝込んじゃったから全然進んでなくて、持って来られなかったんだよ。
女子学生：それはまずいんじゃない？　あの先生、厳しいってうわさだよ。
男子学生：まいったな。どうしよう。
女子学生：早く先生のところに行って、期限延ばしてくださいってお願いしたほうがいいよ。
男子学生：それがさ、今、研究室に行って来たんだけど、いらっしゃらなかったんだよ。どうしよう……。あれ必修科目だから落とせないのに。　　＊先生が不在
女子学生：もう1回行ってみたら？　戻ってるかもしれないし。いらっしゃらなかったら、少し待ってみるとか。　　←キーセンテンス①　←キーセンテンス②
男子学生：今日はバイトがあるからそうもいかないんだよ。ま、とにかく行ってみるよ。メッセージだけでも置いてくる。　　＊バイトがある　←キーセンテンス③
女子学生：そうね。

⇩

ここがポイント❗

女子学生のアドバイスは二つ。
キーセンテンス①：もう一度、研究室へ行ってみたらどうか。
キーセンテンス②：研究室で先生を待ったらどうか。
↓
女子学生の二つのアドバイスのうち、できることは？（キーセンテンス③）

19番

正解へのアプローチ ✏️

この男子学生は、これからどうすることにしましたか。

1．アルバイトに行く。
　　…アルバイトには、研究室へ行ってから、そのあと行く（アルバイトがあるので、研究室で先生を長く待つことができない）⇒×
2．家へ帰って、レポートを書く。……………………………………… **話題には出てこない**⇒×
3．先生の研究室へ行く。………………………………………………………………… ⇒○
4．病院へ薬をもらいに行く。………… **もう体調はいい。病院へ行くとは言っていない**⇒×

正解： 3

表現・語句

1）熱も下がったし<u>食欲</u>も出てきたから～
　・食欲＝食べたいと思う欲望

2）4日も<u>寝込ん</u>じゃったから全然進んでなくて、～
　・寝込む＝病気で寝たままでいる

3）それは<u>まずい</u>んじゃない？
　・まずい＝不都合だ、具合が悪い
　　例：これ以上太ると<u>まずい</u>ので、ダイエットを始めることにした。

4）<u>まいった</u>な。どうしよう。
　・まいる＝困る
　　例：隣の部屋の人が毎晩騒ぐので、本当に<u>まいって</u>しまう。

5）あれ<u>必修科目</u>だから<u>落とせ</u>ないのに。
　・必修科目＝卒業するために必ず履修しなければならない科目
　・落とす＝不合格になり単位が取れないこと

6）今日はバイトがあるから<u>そうもいかない</u>んだよ。
　・そうもいかない＝（～したくても）無理だ、不可能だ
　　例：電車におばあさんが乗ってきた。疲れていたので座っていたかったが、<u>そうもいかない</u>ので立ち上がって席を譲った。

その他

CD2-31　20番　文化祭の手伝い

女子学生と男子学生が大学の文化祭について話しています。**文化祭の手伝いは、どうする**ことになりましたか。

　　　　　　　　　　　　　　　　　　　　　　　　　　← 聞き取る課題

女子学生：<u>まいったなあ</u>。先輩に文化祭の模擬店の手伝い、頼まれちゃった。朝から一日だよ。

　　　　　　　　　　　　　　　　　　　　　　　まいったなあ＝困っている

男子学生：えっ、今度の土曜日の？　<u>それ</u>って、アンさんがするはずじゃないの？

　　　　　　　　　　　　　　　　　　　　　　　それ＝模擬店の手伝い

女子学生：そうだったんだけどさ。<u>その日</u>にジョンさんといっしょに地域の交流会に行く予定があったんだって。

　　　　　　　　　　　　　　　　　　　　　　　その日＝土曜
　　　　　　　　　　　　　　　　　　　　　　　＊アンさんは、交流会に行く予定がすでに決まっていた

男子学生：ふ〜ん。でも、交流なら文化祭でもできるのに。いろんな人が来るから、かえっていいと思うんだけどなあ。ジョンさんといっしょに文化祭に来ればいいのにね。

女子学生：うん、それはそうなんだけどさあ……。

男子学生：<u>木村さん</u>もダメなら断れば？

　　　　　　　　　　　　　　　　　　　　　　　木村さん＝女子学生
　　　　　　　　　　　　　　　　　　　　　　　頭下げられちゃった＝お願いされた

女子学生：でも、もうすぐだし、先輩に<u>頭下げられちゃった</u>からねえ。あー、<u>午後から約束があったんだけどなあ。あっ、ねえ、佐藤君、その日、空いてないの？</u>

　　　　　　　　　　　　　　　　　　　　　　　←キーセンテンス①
　　　　　　　　　　　　　　　　　　　　　　　佐藤君＝男子学生

男子学生：無理だよ。朝からサッカー部の練習だもん。料理なんてできないし。

　　　　　　　　　　　　　　　　　　　　　　　空いている＝時間がある、予定がない
　　　　　　　　　　　　　　　　　　　　　　　←キーセンテンス②

女子学生：何だ、朝練？　<u>それなら2、3時間でしょ。料理って言っても、おもち焼いてなべに入れるだけだから簡単だよ。よし、決まった。じゃ、午後はよろしく。</u>

男子学生：えー、しょうがないなあ。でも5時過ぎには帰るからね。

⇩

ここがポイント❗

キーセンテンス①：木村さんは土曜の午後、約束がある。佐藤君の予定を確認。
キーセンテンス②：佐藤君は午後時間が空いている。木村さんは何を決めたか
　　　　　　　　↓
　　土曜日の午後の模擬店の手伝いを佐藤君に頼むこと

20番

正解へのアプローチ ✏️

文化祭の手伝いは、どうすることになりましたか。

1. アンさんが一人でする。……………………… 交流会へ行くので、できない。⇒×
2. アンさんとジョンさんが二人でいっしょにする。………………… 1と同じ理由⇒×
3. 木村さんと佐藤君が二人でいっしょにする。
   ………………… 空いている時間が違うので、いっしょに手伝うことはできない⇒×
4. 木村さんと佐藤君が途中で交代する。
   …午前午後の交代を木村さんが提案。佐藤君は断っていない。「しょうがないなあ」→仕方なく引き受ける⇒○

正解： 4

表現・語句

1）いろんな人が来るから、<u>かえって</u>いいと思うけどなあ。
　・かえって＝[事態やその程度が、予想や期待と反対の方向になること]
　　例：急いでいたので電車に乗らずにタクシーで行ったら、道が込んでいて<u>かえって</u>遅くなってしまった。

2）<u>朝練</u>？　それなら2、3時間でしょ。
　・朝練＝朝、行う練習。学校のクラブやサークルの練習のことが多い。

一言アドバイス ✓

　話の展開に注意。会話の場合、文の最後まで言わないことがあるので、何が言いたいのか、類推しながら聞きましょう。

その他

21番 夏期講座の申し込み

男子学生と女子学生が文化講座について話しています。この女子学生は、講座の申し込みをするために、最初に何をしなければなりませんか。　　　　　　　　　　　← 聞き取る課題

男子学生：何のポスター、見てるの？
女子学生：大学の文化講座の。
男子学生：あれ、これ、うちの大学のじゃないよね。
女子学生：うん。でもこれ、一般向けの講座だから誰でも受講できるのよ。
男子学生：へえ、ふーん、いろいろあるんだね。
女子学生：私、この陶芸入門っていうの、やってみたいなと思って。
男子学生：どうやって申し込むの？
女子学生：えーと、あ、ここに書いてある。**ネット**で申し込むみたい。うち、今パソコンの調子が悪くてネットができないんだよね。　　　　　　　　　　　＊ネットは今は使えない
　　　　　　　　　　　　　　　　　　　　　　　　　　　　　☆ここに注目：申込方法は二つ
男子学生：大丈夫。**郵送**も可って書いてあるよ。
女子学生：本当だ。よかった。えっと、郵送の場合は……。
男子学生：ほら、ここ。申し込み用紙を郵送、またはファックスするから、電話で資料請求するようにって書いてある。　　　　　　　　　　　←キーセンテンス①
女子学生：本当だ。
男子学生：ほら、向こうのネットのアドレスはここ、住所とファックス番号はここ、電話番号はここにあるよ。
女子学生：うん。じゃ、私はここをメモして帰ればいいね。　　　　　　　　　　　←キーセンテンス②
　　　　　　　　　　　　　　　　　　　　　　　　　　　　　ここ＝電話番号

ここがポイント！

キーセンテンス①：郵送の場合、申し込み用紙が入っている資料を電話で請求する。
↓
キーセンテンス②：電話番号をメモする。

21番

正解へのアプローチ ✏️

この女子学生は、講座の申し込みをするために、最初に何をしなければなりませんか。

1. 大学にメールを送る。……………………… パソコンは調子が悪いので使えない⇒✕
2. 大学に手紙を送る。
　……………………… 申し込むためには、まず電話で資料請求をしなければならない⇒✕
3. 大学に電話するために番号をメモする。……………… キーセンテンス②と一致⇒○
4. 大学にファックスを送る。……………………… ファックスでは資料請求できない⇒✕

正解： 3

表現・語句

1) これ、一般向けの講座だから誰でも<u>受講</u>できるのよ。
　・受講する＝講義を受ける

2) この陶芸<u>入門</u>っていうの、やってみたいなと思って。
　・入門＝初心者のための易しいコース

3) <u>郵送</u>も<u>可</u>って書いてあるよ。
　・郵送＝郵便で送ること
　・可＝可能、できること
　＊可⇔不可

4) 電話で<u>資料請求する</u>ようにって書いてある。
　・資料請求する＝資料がほしいと要求する

その他

22番　教授と会う日程

女子学生と教授がレポートについて話しています。この女子学生は、**教授といつ会う**約束をしましたか。　　←聞き取る課題

女子学生：教授、今よろしいですか。
教　　授：山田君か。どうした？
女子学生：あの、**明日の3時半**に文化人類学のレポートの件でお時間を取っていただいていたと思うんですが……。　　☆ここに注目：日時を示す言葉
教　　授：ああ、そうだったね。何か都合でも悪くなったの？　　＊明日の3時半＝最初の予定
女子学生：ええ、実は、以前から申し込んでいた奨学金の面接の日程が急に変更になって、**明日の3時から**になってしまったんです。それで、大変申し訳ありませんが、お約束の時間を変えていただけないでしょうか。　　＊奨学金の面接の時間
教　　授：そうか。それじゃ仕方がないな。でも、**明日はそのあと**、会議があるから時間がとれないんだよ。　　＊明日は無理
女子学生：明日じゃなくても構いませんので、よろしくお願いします。
教　　授：じゃ、<u>**あさっての同じ時間**はどうかな。あとは**来週**なら何とかなりそうだが……</u>。　　←キーセンテンス①
女子学生：あっ、<u>レポートの提出期限は**今週いっぱい**なので……</u>。　　←キーセンテンス②
教　　授：そうだったね。じゃ、**この日**にしよう。
女子学生：はい、ありがとうございます。

⇩

ここがポイント ❗

教授の提案（キーセンテンス①）とレポートの提出期限（キーセンテンス②）を聞き取る
↓
「この日」はいつ？

22番

正解へのアプローチ ✏️

この女子学生は、教授といつ会う約束をしましたか。

1．明日の3時 ………………………………………………… 奨学金の面接の時間⇒×
2．あさっての3時 ……………………………………「同じ時間」とは3時半のこと⇒×
3．あさっての3時半 ………………… 教授の予定と学生の希望（今週）が合うのは、これ⇒○
4．1週間後の3時半 ……………………………………………………… 来週では遅い⇒×

正解： 3

表現・語句

1）レポートの件でお<u>時間を取って</u>いただいていたと思うんですが……。
   ・時間を取る＝何かのために特に時間を使う
     例：・お<u>時間は取らせません</u>ので、少し話を聞いていただけませんか。
        ・途中の読解問題に<u>時間を取られて</u>、最後の問題まで終わらなかった。

2）あとは、来週なら<u>何とか</u>なりそうだが……。
   ・何とか＝簡単ではないが、どうにか
     例：・友だちにお金を借りたので、今月の生活費は<u>何とか</u>なるだろう。
        ・<u>何とかして</u>今年中に日本語能力試験のN1に合格したい。

3）レポートの提出期限は<u>今週いっぱい</u>なので……。
   ・〜いっぱい＝〜の最後まで
     例：・今月<u>いっぱい</u>で国へ帰る。（今月末までいて帰る）
        ・テストの時間<u>いっぱい</u>考え続けた。（テストの時間が終わるまで）

一言アドバイス ✓

　会話の場合、「お時間をとっていただいていたと思うんですが……」や「レポートの提出期限は今週いっぱいなので……」のように、最後まで言わないことがあります。言っていない部分の意味や気持ちを考えながら聞きましょう。普段の会話でも、このようなことはよくあります。

その他

23番 壊れた(こわ)パソコンの対処

女子学生と男子学生がパソコンについて話しています。<u>この女子学生は、**これからどうします**か。</u>　　←聞き取る課題

女子学生：村上君ってコンピューター関係、強かったよね。
男子学生：え、ああ、まあね。
女子学生：うちのパソコンなんだけど、最近調子がおかしくて……。ものすごく反応が遅いし、急にフリーズしちゃうことがよくあるんだよね。　　＊パソコンの調子が悪い
男子学生：どこか、いじった？
女子学生：うーん、あっ、そういえば、この間(あいだ)ネットで見つけたフリーソフトをダウンロードしたけど関係ある？　　＊原因はフリーソフト？
男子学生：何とも言えないけど、なくはないかもね。
女子学生：ウイルスに感染しちゃったのかなあ……。
男子学生：ウイルス対策のソフトとか入れてないの？　　＊ウイルス感染の可能性があるかもしれない
女子学生：入ってることは入ってるんだけど、バージョンアップしてないから古いまんまなんだよね。
男子学生：<u>ウイルスの心配があるなら使うのやめたほうがいいよ。</u>　　←キーセンテンス①
女子学生：うん、わかった。でも、レポートの締め切りも近いし、本当に困っちゃうな。　　＊男子学生の助言に同意
男子学生：今週末、空いてるから見に行こうか？　　＊男子学生が来るのは週末
女子学生：わあ、助かる。お願い。<u>じゃ、レポートの作成はそれからにしよう。</u>　　←キーセンテンス②

⇩

ここがポイント❗

女子学生がこれからすることは？
↓
キーセンテンス①：パソコンを使わない
キーセンテンス②：レポート作成は週末、男子学生に見てもらってから

正解へのアプローチ ✏️

この女子学生は、これからどうしますか。

1. 週末までに、パソコンに新しい対策ソフトを入れる。
   ……………………… 古いソフトが入っている。新しいのを入れるとは言っていない⇒×
2. 週末までに、パソコンでレポートを作成する。
   ………………… レポート作成は週末に男子学生にパソコンを見てもらってからする⇒×
3. インターネットで見つけたソフトをダウンロードする。…… これは、もうしたこと⇒×
4. 週末までパソコンを使うのをやめる。
   ………………………… 男子学生が見てくれるまで使うのをやめると言っている⇒○

正解： 4

表現・語句

1) 急にフリーズしちゃうことがよくあるんだよね。
   ・フリーズする＝コンピューターが突然動かなくなること

2) どこか、いじった？
   ・いじる＝手で触る

3) ネットで見つけたフリーソフトをダウンロードしたけど関係ある？
   ・フリーソフト＝無料で手に入るコンピューターのソフトウェア
   ・ダウンロードする＝コンピューターのプログラムやデータをネットを通して転送すること

4) 何とも言えないけど、なくはないかもね。
   ・何とも言えない＝はっきり言えない
   ・なくは(も)ない＝全く～ないわけではない、あるかもしれない
     例：・納豆は食べられなくもないが、好きではない。
         ・私の給料でも買えなくはないが、今は我慢しよう。

5) ウイルスに感染しちゃったのかなあ……。
   ・ウイルス＝コンピューターのシステムに入って、プログラムなどを壊すソフト
   ・感染する＝①病気がうつる
             ②ウイルスがコンピューターに進入する

その他

24番　犬のしつけ

女子学生と男子学生が犬のしつけについて話しています。**この女子学生は、どうすることにしましたか。**　　← 聞き取る課題

女子学生：うちの犬、甘噛みがひどくてさあ。
男子学生：あまがみ？
女子学生：うん。まだ子犬だからそんなに痛くはないんだけど、すぐ噛むのよ。本人は遊んでるつもりなんだろうけど、このままだと困るよね。　　＊噛むのは子犬／＊噛むのは困る
男子学生：歯がむずがゆいんじゃないの？　子犬なんでしょ？
女子学生：うん。うちの母は噛んだらもっと怒ったほうがいいんじゃないかって……。　　＊噛んだら怒ったほうがいい？
男子学生：何か噛み応えのあるおもちゃをあげてみたら？　骨とかボールとかさ。ああ、そういえば、噛まれたら「痛い！」って大げさに言って、そのまま無視するといいって聞いたことあるよ。そしたら遊んでほしいから噛まなくなるんだって。　　←キーセンテンス①／←キーセンテンス②
女子学生：えっ、無視？　いやだ、そんなの。硬いボールでも買おうかなあ。子犬に骨はダメだし。　　そう＝キーセンテンス②の方法
男子学生：でも、母犬も噛まれたらそうするんだってよ。　　お母さん＝母犬
女子学生：そうなの？　お母さんも？！　じゃあ、やっぱり、うちもそうしてみようっと。　　←キーセンテンス③／そう＝母犬と同じ方法

⇩

ここがポイント❗

男子学生からの提案は二つ。
キーセンテンス①：おもちゃをあげる　　キーセンテンス②：痛がって無視する
⇩
キーセンテンス③：うちもそうしてみよう。「そう」はどっち？

正解へのアプローチ

この女子学生は、どうすることにしましたか。
1. 噛んだら、厳しく怒る。……………………… この方法は女子学生の母親が言っただけ⇒×
2. 噛んだら、痛がってしばらく放っておく。… キーセンテンス②の方法。母犬と同じ⇒○
3. 噛まないように、硬いボールで遊ばせる。
　　… 一度はそうしようと思ったがキーセンテンス②の方法にするので、これはしない⇒×
4. 噛まないように骨を与える。……………………………… 子犬に骨はあげられない⇒×

正解： 2

表現・語句

1）むずがゆいんじゃないの？
　・むずがゆい＝むずむずする。肌の上に虫がいるような不快なかゆみを感じる
　・〜じゃないの［インフォーマルな会話表現］＝〜ではありませんか／〜と思います
　　例：あれ、ここで食べ物を食べていいの？　食べちゃいけないんじゃないの？

2）もっと怒ったほうがいいんじゃないかって……。　＊「ポイント理解」15番（p.115）参照
　・って＝〜ということだ／〜そうだ［聞いたこと、読んだことを伝えるインフォーマルな会話表現］
　　例：A「田中さん、まだ来ないね」B「さっき電話があって、今日は休むって」

3）何か噛み応えのあるおもちゃをあげてみたら？
　・噛み応えが（の）ある＝噛んだときにしっかり硬さを感じられる
　　例：・新しく発表されたガムは、とても噛み応えがある。
　　　　・噛み応えのあるものを食べないと、あごの発達に問題が生じる。

4）噛まれたら「痛い！」って大げさに言って、そのまま無視するといい〜
　・大げさ＝たいしたことでもないのに、大変なことのようにふるまうこと
　　例：Aさんはどんな話でも「えー、びっくりした！　すごーい。知らなかった！」
　　　　と大げさに驚くので話がしにくい。

5）じゃあ、やっぱり、うちもそうしてみようっと。
　・やっぱり／やはり＝［考え直すときに使う］
　　例：買い物に行こうかな。雨が降りそうだから、やっぱりやめた。

その他

25番　ボランティアの募集

男子学生と女子学生がボランティアの募集について話しています。この女子学生は、**このあとどうします**か。　　← 聞き取る課題

男子学生：それ、何のニュース？
女子学生：博物館のボランティアの募集記事。来館者に展示物の解説をしたり、イベントの手伝いをしたりするらしいんだけど、おもしろそうだなと思って。
男子学生：へえ、誰でもできるの？
女子学生：4月1日現在、満18歳以上で、所定の講習会と活動実習に参加できる方って書いてあるよ。
男子学生：わっ、ここ見てみて。講習会って半年も続くよ。すごいな。
女子学生：大変そう。私でも大丈夫かな……。
男子学生：電話して聞いてみれば？
女子学生：電話での問い合わせはダメなんだって。　　＊電話での問い合わせはダメなので説明会に参加する
男子学生：じゃ、ここに書いてある説明会に参加してみるしかないね。
女子学生：うん、そうしよう。えーと、まずは郵送で申し込みか。返信用**封筒**に切手を貼って、いっしょに送るんだね。**切手**ないから、明日買いに行かなきゃ。　　＊説明会の申し込みは郵送
　←キーセンテンス①
　☆ここに注目：封筒と切手が必要
男子学生：封筒はあるの？　サイズが決まってるみたいだよ。
女子学生：ほんとだ。縦23cm、横12cm か……。うちにある**封筒**、どうだったかな。サイズが違ってたら明日、**切手**といっしょに買わなきゃ。　　←キーセンテンス②

⇩

ここがポイント！

キーセンテンス①とキーセンテンス②のうち、今できることは？
キーセンテンス②：まずは、封筒のサイズの確認する。

正解へのアプローチ ✏️

この女子学生は、このあとどうしますか。

1. 電話で問い合わせをする。……………………………… 電話での問い合わせは不可⇒×
2. 電話で説明会の予約をする。………………… 郵送で申し込みをしなければならない⇒×
3. 切手を買いに行く。……………………………………… 切手は「明日」買いに行く⇒×
4. 家にある封筒のサイズを調べる。………… 申し込みに使うので、まずはこれから⇒○

正解： 4

表現・語句

1) <u>来館者</u>に<u>展示物</u>の解説をしたり、〜
   - 来館者＝博物館や美術館に来た人
   - 展示物＝博物館や美術館に並んでいる作品などの物

2) <u>4月1日現在</u>、<u>満18歳</u>以上で、<u>所定</u>の講習会と活動実習に参加できる方
   - ○月×日現在＝○月×日の時点で
   - 満〜歳＝生後1年で1歳になるという年齢の数え方
   - 所定＝前もって決まっていること

3) 電話での<u>問い合わせ</u>はダメなんだって。
   - 問い合わせ＝聞いて確かめること

4) ここに書いてある説明会に参加してみる<u>しかない</u>ね。
   - 〜しかない＝〜ほかに方法がない、〜する以外の可能性はない
     例：腹痛で病院へ行ったら、治すには手術する<u>しかない</u>、と言われた。

5) <u>返信用封筒</u>に切手を<u>貼</u>って、〜
   - 返信用封筒＝返事の手紙用の封筒

その他

CD2 37　26番　徒然草を読んで

先生が、講演会で話しています。<u>この先生が言いたいことは何</u>ですか。　　← 聞き取る課題

　『徒然草』という鎌倉時代に書かれた文章の中に、おもしろい話があります。木登りの名人の話なんですが、この名人、弟子が木に登って枝を切るとき、てっぺんの高いところにいる間は何も言わずに見ているんです。降りるとき、家の1階の屋根ほどの高さになって、はじめて「気をつけろよ」と声をかけるのです。<u>なぜ危険そうな場所ではなく、もうそろそろ大丈夫だろうというときに注意するのだと思いますか</u>。ちょっと似ていますが、交通事故も、<u>あと少しで家に着くという場所で起こりやすい</u>という話もあります。どうですか。皆さんも似たような経験があるのではないでしょうか。

＊木登りの話

←キーセンテンス①

←キーセンテンス②
＊交通事故の話

⇩

ここがポイント❗

先生の問いかけ（キーセンテンス①）のヒントとして、キーセンテンス②を挙げている。
共通点は何か。
キーセンテンス①：もうそろそろ大丈夫
キーセンテンス②：あと少しで家に着く
↓
もうすぐ終わるというときのもう大丈夫だという気持ち⇒事故

正解へのアプローチ ✏️

この先生が言いたいことは何ですか。
1. 周りの人が注意しすぎないほうが弟子の力が伸びる。
   ………………………………………… 弟子の能力については述べていない⇒×
2. 危険なことをするときは常に気をつけなければならない。
   ………………………………… もうそろそろ大丈夫というときに注意する⇒×
3. 周りの人が声をかけてあげれば事故は防げる。
   ……………………………… 事故を防ぐ方法を述べているのではない⇒×
4. もう少しで終わるというときの油断が事故につながりやすい。
   ………………………………………………………… キーセンテンスと一致⇒○

正解： 4

表現・語句

1) 屋根ほどの高さになっ<u>て</u>、<u>はじめて</u>「気をつけろよ」と声をかけるのです。
   ・〜てはじめて…＝〜たあとでやっと…
      例：・私の国は冬がないので、日本へ来<u>てはじめて</u>冬の寒さを経験しました。
      ・病気になっ<u>てはじめて</u>健康のありがたさを実感した。

2) 皆さんも似た<u>ような</u>経験があるのではないでしょうか。
   ・〜ような＋名詞＝［不確かな断定を表す（〜ようだ／〜ような／〜ように)］
      例：・あの人、どこかで見た<u>ような</u>顔なんだけど、誰だか思い出せないんだよね。
      ・この話、前に何かの本で読んだ<u>ような</u>気がする。

一言アドバイス ✓

　具体的な話を聞いて、それを適切に一般化することができるかどうかを問う問題です。話の要点をつかみ、何を言うための例なのかを考えましょう。また、文中に問いかけがある場合、それに対する答えが問題を解くヒントになることがあります。

その他

27番　社会脳

先生が「社会脳」の研究について話しています。**この先生の話と合う例はどれ**ですか。　　　←聞き取る課題

　人の脳は、周囲の環境の影響を強く受け、その相互作用の中で働いています。**他者**とのかかわりで自分がしたいことができなかったり、逆にしたくないのにしてしまうことがあるのはそのためです。人は、他者がいることで変わります。また、**他者**と円滑な関係を保ちながら自分の意思通りに物事を進めるために、場面に適応した行動をとります。そのようにして、脳は発達しているのです。

　われわれは、自分一人で存在しているわけではありません。ですから、人とのつながりの中で脳がどのように働いているか、「社会脳」を理解することが大切なのです。

←キーセンテンス①
☆ここに注目：他者とかかわりがある生活＝社会
←キーセンテンス②

←キーセンテンス③

⬇

ここがポイント❗

この先生は「社会脳」について解説している。
⬇
社会脳（キーセンテンス③）：社会の中で、他者との関係をうまく保つために働く作用。
社会脳の特性：人はキーセンテンス①やキーセンテンス②のような行動をとる。

正解へのアプローチ

この先生の話と合う例はどれですか。

1. 「流行っている」とみんなに言われると、ほしくなくてもつい買ってしまう。
   ……………………………………………………… キーセンテンス①の具体例⇒○
2. 大勢の人の前で話すのが苦手なので、「話し方教室」に通っている。
   ……………………………………………………… 苦手を克服する話ではない⇒×
3. 一人暮らしは炊事・洗濯が大変なので、家族といっしょに暮らしている。
   …「人は社会の中で他者とかかわりを持って生きている」という話であり、自己都合で家族と同居するかどうかの話ではない⇒×
4. 社会人になって、学生時代とは生活のリズムがずいぶん変わった。
   …この先生が言っているのは、人は常にさまざまな場面で他者との関係の中で、影響を受けながら円滑な関係を保ち行動するということ。これは単に自分の生活が変わっただけ⇒×

正解： 1

表現・語句

1) したくないのにしてしまうことがあるのは<u>そのため</u>です。
   ・そのため＝［理由、原因を表す ＊理由、原因は前の文にある］
   例：Aさんが新しいプロジェクトのリーダーに選ばれた。最近、張り切って仕事をしているのは<u>そのため</u>だろう。
   （＝Aさんが張り切って仕事をしているのは、新しいプロジェクトのリーダーに選ばれたからだ）

2) われわれは、自分一人で存在している<u>わけではありません</u>。
   ・〜わけではない＝特に〜というのではない
   例：国へ帰りたくない<u>わけではない</u>が、もう少し日本で頑張ってみようと思う。

その他

28番　リフレーミング

> 心理学の教授が話しています。この教授は、**リフレーミングとはどんなこと**だと言っていますか。

← 聞き取る課題

　えー、皆さんは天気がいい、天気が悪い、と言ったらどんな天気を想像しますか。大方の人が晴れた日をいい天気と思い、雨の日を天気が悪いと思うのではないでしょうか。ところがテレビの天気予報では、どんなに雨が降っていても気象予報士は決して天気が悪いとは言いません。それはなぜだと思いますか。雨のイメージは一般的にあまりいいものではありませんね。ですから、私たちは天気が悪いと言いがちなのですが、しかし、農家にとっては農作物を育てるための大切なもの、つまり恵みの雨なのです。このように同じ物事でも、人によって見方や感じ方が異なり、視点を変えれば長所になったり短所になったりします。皆さんは身の回りに何か問題が生じたとき、悪い方向からばかり見つめてはいませんか。そんなときには是非「違う角度から見る」ということをしてみましょう。これを心理学ではリフレーミングと言っています。リフレーミングをすることで、物事を前向きにとらえることができるようになり、他人とのコミュニケーションの仕方も変わってくるかもしれません。

＊視点を変えると同じことが違って見えるという例

←キーセンテンス①

←キーセンテンス②
これ＝違う角度から見ること

ここがポイント ❗

キーセンテンス②の「これ」を説明しているところは？
↓
キーセンテンス①②に注目しよう。

正解へのアプローチ ✏️

この教授は、リフレーミングとはどんなことだと言っていますか。

1．物事の悪い面だけ見ること ┐
2．物事のいい面だけ見ること ┘ … 教授はいろいろな角度から見てみようと言っている⇒×
3．物事をいろいろな方向からとらえること………………… キーセンテンスと一致⇒○
4．物事を前向きにとらえること………… 前向きにではなく違う角度からと言っている⇒×

正解： 3

表現・語句

1）気象予報士は<u>決して</u>天気が悪いとは言い<u>ません</u>。
 ・決して〜ない＝どんなことがあっても、絶対に〜ない
  例：・帰国しても、皆さんのことは<u>決して</u>忘れ<u>ません</u>。
   ・これは二人だけの秘密です。ほかの人には<u>決して</u>言ってはいけ<u>ません</u>。

2）つまり<u>恵みの雨</u>なのです。
 ・恵みの雨＝草木を育ててくれるありがたい雨、神仏からの雨

3）人によって見方や感じ方が<u>異なり</u>、〜
 ・異なる＝違う、同じではない

4）物事を前向きにとらえることができるようになり、〜
 ・とらえる＝理解する、把握する

一言アドバイス ✓

　この教授の話は前半の半分以上が「たとえ」です。このような具体的な例から、教授が言いたいことは何なのか、聞きながら話を一般化し、テーマに気づくことが大切です。

その他

29番 ビジネスマナー

講師が留学生に日本での就職について話しています。この講師の話の内容と合っているものはどれですか。　←聞き取る課題

　それぞれの国には違った文化がありますが、皆さんが日本企業で働く場合には、日本のビジネスマナーをよく理解し、共感することが不可欠だと思います。た　　←キーセンテンス①
とえば、仕事でトラブルが起こったときには、まず「申し訳ございません」と謝りましょう。たとえ、自分に　　＊以降、具体例
責任がないと思っても、まずその場を収めることが必要です。また、反対の意見に対してもストレートに「反　　←キーセンテンス②
対」と言うのではなく、「確かにおっしゃるとおりですが」とまずは相手の顔を立てることが大切です。そ　　←キーセンテンス③
うすることによって仕事が円滑に進むのです。

⇩

ここがポイント ❗

キーセンテンス①：日本企業で働く場合に不可欠なことを説明。
　　　　　　　　↓
　　　　　　具体例を2点挙げている。
キーセンテンス②：トラブルの際には、その場を収めることが必要。
キーセンテンス③：相手の体面を傷つけないということが大切。ここでは、相手の意見をまず認めるということ。

29番

正解へのアプローチ ✏️

この講師の話の内容と合っているものはどれですか。

1．相手の意見に反対のときは、はっきり反対したほうがいい。
　　……………………………………………… ストレートに言うのではないと言っている⇒×
2．相手の意見に反対でも、賛成だと言ったほうがいい。
　　………………………………………………………… 賛成だと言うとは言っていない⇒×
3．相手の意見に反対でも、まずは相手の意見を認めたほうがいい。
　　……………………………………… キーセンテンス③：まずは相手の顔を立てる⇒○
4．賛成でも反対でも、自分の意見ははっきり言わないほうがいい。
　　………………………「まずは」ということは次に自分の意見を言うということだから⇒×

正解： 3

表現・語句

1）共感することが<u>不可欠</u>だと思います。
　・不可欠＝なくてはならない、欠くことができない
　　例：外国語の学習には、辞書が必要<u>不可欠</u>だ。
　＊「必要不可欠」の形で使うことも多い。

2）まずその<u>場を収める</u>ことが必要です。
　・場を収める＝状況を落ち着かせる
　　例：会議中に対立する二人が激しい口論になったが、部長が間に入り、何とか
　　　　その場を<u>収めた</u>。

3）まずは相手の<u>顔を立てる</u>ことが大切です。
　・顔を立てる＝その人の面目(めんぼく)を失わせないようにする
　　例：相手が悪いのはわかるが、ここは先輩の<u>顔を立てて</u>我慢(がまん)してくれ。

一言アドバイス ✓

＜顔のつく慣用句＞　＊これ以外にもたくさんあります。自分で調べてみましょう。
　顔色を見る……きげんがいいか悪いかうかがう
　顔に泥を塗る……相手の名誉を傷つけたり、恥をかかせたりする
　顔が広い……交際範囲が広い

その他

30番　演技について

先生が演技について話しています。この先生の**話の内容と合っているものはどれ**ですか。　　　　←聞き取る課題

　私は俳優を目指す学生たちの授業で二人一組のディベートをすることがあります。その授業では、学生たちにテーマもお互いの立場も決めさせるのですが、それが決まって、各自が少し考えたところで、こんな指示を出します。「ではディベートを始めるが、今二人で決めたのと逆の立場に立って意見交換するように」学生たちは当惑しますが、四苦八苦しながら、意見交換をしていきます。突然、逆の立場を想像して意見を言うなんて無理だと考える人もいるでしょう。しかし、役者が演技をする上で、この「想像力」はとても大切なことなのです。与えられた役柄の**心情**をどれだけ想像できるかで演技が決まります。そしてこれは、舞台や映画に限った特別なことではありません。皆さんも大学では学生、バイト先では店の人、家庭では娘や息子として、違う自分を見せているでしょう？　こうして私たちは社会生活を送っているのです。もし、周りの人の**気持ち**がうまく想像できれば、会社での交渉ごとも仕事の取引も有利に進めることができるでしょう。

＊俳優は、気持ちを想像することが大切

☆ここに注目：心情＝気持ち

こう＝俳優と同様に違う立場を見せる

←キーセンテンス①
←キーセンテンス②

⇩

ここがポイント❗

前半で、俳優には、お互いの立場や気持ちを想像する力が必要だと述べている。
↓
キーセンテンス①：同じような想像力を働かせて、お互いの立場を理解しながら、私たちは社会生活を送っている。
キーセンテンス②：社会生活を送る上でも、周囲の人の気持ちを考えることが大切！

30番

正解へのアプローチ ✏️

この先生の話の内容と合っているものはどれですか。

1. 社会に出る前に、自分の意見をすぐに変える訓練が必要だ。
    ……… 相手の立場を考えることが大切で、自分の意見を変えるということではない⇒×
2. 自分と違う立場の人の気持ちを考えることが大切だ。……… キーセンテンスと一致⇒○
3. どんな仕事にも有利な立場と不利な立場がある。
    …仕事上でも周りの気持ちが想像できれば有利だ、という話。仕事自体に有利・不利があるという話ではない⇒×
4. 人はみんな、演技しながら社会生活を送っている。
    ……………………………………………… 演技しながら生活しているわけではない⇒×

正解： 2

表現・語句

1）俳優を<u>目指す</u>学生たちの授業
  ・目指す＝目標や目的とする
    例：選手たちは優勝を<u>目指し</u>、練習を続けている。

2）各自が少し考えた<u>ところで</u>、こんな指示します。
  ・〜ところで＝ちょうど〜の状況のときに
    例：ちょうど仕事が一段落した<u>ところで</u>、社長が部屋に入ってきた。

3）学生たちは当惑しますが、<u>四苦八苦</u>しながら、意見交換をしていきます。
  ・四苦八苦する＝思うようにいかずに、あれこれ苦しむ

4）家庭では娘や息子<u>として</u>、違う自分を見せているでしょう？
  ・〜として＝〜の立場・資格で

一言アドバイス ✓

＜「演じる」のいろいろな使い方＞
  ・あの女優は<u>母親役を演じる</u>のがうまい。
  ・今回の日米会談では、日本の外務次官（がいむじかん）が重大な<u>役割を演じた</u>。
  ・飲みすぎて、上司の前で<u>醜態（しゅうたい）を演じて</u>しまった。

日本留学試験
速攻トレーニング
聴解編

発行日	2011 年 4 月 28 日　（初版）
	2024 年 3 月 8 日　（第 12 刷）

著者	インターカルト日本語学校（加藤早苗、後藤直美、芥川泰子、石田幸絵、金井尚美）
編集	株式会社アルク日本語編集部
編集・DTP	有限会社ギルド
ナレーション	大山尚雄、都 さゆり
録音・編集	株式会社メディアスタイリスト
CD プレス	株式会社ソニー・ミュージックソリューションズ
印刷・製本	図書印刷株式会社

発行者	天野智之
発行所	株式会社アルク
	〒 102-0073　東京都千代田区九段北 4-2-6 市ヶ谷ビル
	Website：https://www.alc.co.jp/

落丁本、乱丁本は弊社にてお取り替えいたしております。
Web お問い合わせフォームにてご連絡ください。
https://www.alc.co.jp/inquiry/
本書の全部または一部の無断転載を禁じます。著作権法上で認められた場合を除いて、本書からのコピーを禁じます。定価はカバーに表示してあります。

ご購入いただいた書籍の最新サポート情報は、以下の「製品サポート」ページでご提供いたします。
製品サポート：https://www.alc.co.jp/usersupport/

©2011　インターカルト日本語学校／ ALC PRESS INC.
Printed in Japan.

PC：7011039
ISBN：978-4-7574-1987-2

地球人ネットワークを創る

アルクのシンボル
「地球人マーク」です。